# 子ども家庭支援論

編者　庄司 妃佐／二宮 祐子

著者

雨宮 由紀枝／飯塚 美穂子／五十嵐 元子／大沼 良子

佐藤 恵／佐藤 有香／坪井 瞳／灰谷 和代／松倉 佳子

松田 妙子／丸谷 充子／元橋 良之／矢野 明宏／綿貫 文野

アイ・ケイ コーポレーション

# はじめに

　2018（平成30）年の保育所保育指針の改定により，保護者支援に関わる科目では，カリキュラムが大幅に改編された。旧カリキュラムの「保育相談支援」，「相談援助」，「家庭支援論」は，新カリキュラムでは「子ども家庭支援論」に統合・再編され，すでに様々なテキストが出版されている。本書は，これらを踏まえつつ，さらに，令和以降の子ども家庭支援の動向を盛り込んだものである。

　子ども家庭支援は，関わる分野が多岐にわたり，実体験のない学生が学ぶ際には，難しい内容が多くあると思われる。また，現場で働く保育者にとっても，現実に起こっている事柄について，俯瞰した視点から把握したうえで，どのように理解するのか，難しい点も多いと思われる。コロナ禍を経て，さらに少子高齢化が進展した結果，子どもを取り巻く社会的状況も大きく変化している。

　2023（令和5）年4月1日に「こども家庭庁」が創設され，子どもを取り巻く環境は大きく変わろうとしている。「こどもまんなか社会」を目指して，子ども家庭支援施策をとりまとめる司令塔が発足し，子どもの権利保障のための原理・原則が法制化された。

　本書では，これらの最新情報をいち早く取り入れ，現場の保育者にも理解しやすいよう編集したものである。

　本書の特色は，次にあげる三つの点である。

　第一は，保育現場における episode を豊富に盛り込んだ点である。各節の episode を読むことで，学生は，理論と実践とのつながりを学べる形となっている。学生はまだ体験していない，現場で起こっている場面を具体的に想像し，議論したり，考えたりしながら学ぶことができる。また，保育現場の保育者は，自分の身近な例と比べながら，より具体的に理論を学ぶことができる。

　第二の特色は，各章の執筆を各分野の専門家が担当している点である。子ども家庭支援は，分野が多岐にわたっているため，一人の執筆者でカバーするには，どうしても情報の乏しい分野が出てくると考えられる。そのため，各分野に造詣の深い著者に，各節の執筆をお願いした。各著者における，実践経験や研究成果を活かし，事例（episode）だけでなく，写真やデータも豊富に織り込みながら，わかりやすい文章を書いていただくことができた。

　第三の特色として，新カリキュラムの教育内容のうえに，今後の子育て支援に避けて通れないと考えられる新しい視点を二つ加えたことである。

一つ目は，生涯発達の視点である。子育てをライフステージの中の一時期として，その時期のみの支援を考えるのではなく，生涯発達の視点でそれぞれのステージにいる人びとが，子どもの有無に関係なく，どのように関わっていくのかについて，地域全体で捉えていく視点である。また，子どもと保護者だけが対象ではなく，家庭が在る地域全体を取り込んだ視点が重要である。

　二つ目の新しい視点はICTの活用についてである。これからの保育現場におけるICTの利用について，最新の研究成果を踏まえながら述べている。業務省力化だけでなく，保育の質向上の観点からも日常的にICTを利用している保護者とのやりとりに加え，事務作業などにもICTの導入が求められる。これらの視点が加わることによって，今後の子ども家庭支援を考える際に，新たな展開がもたらされるであろう。

　少子化が進む社会の中で，子どもが健やかに育つ社会を創造することは，すべての大人で共有すべき責務である。とりわけ，保育士という国家資格取得を目指す学生に対しては，専門職としての見識や技術を習得することは，社会からも強く期待されている。

　このテキストで，子ども家庭支援の在り方を学び，保育士としての専門性が深められることを切に願っている。

　末筆ではございますが，各ご執筆の先生方には，貴重なお時間をお割きいただきまして，厚くお礼申し上げます。

　また，本書の出版・編集にあたり，アイ・ケイコーポレーションの社長 森田富子氏，編集部 信太ユカリ氏には，大変ご尽力いただきましたことに深く感謝申し上げます。ありがとうございました。

　2023年7月

編著者　庄司妃佐・二宮祐子

# 目　次

## 2章　保育者による家庭支援の意義と基本

# 3章　多様な家庭の状況に応じた支援

## 6章　子ども家庭支援に関する現状と課題

### SECTION 1　ライフコースからみた子ども家庭支援　　　　　　　　　庄司妃佐

### SECTION 2　ICTを活用した業務の省力化と質の向上　　　　　　　　二宮祐子

### SECTION 3　こども基本法とこども家庭庁　　　　　　　　　　　　二宮祐子

# 1章　子ども家庭支援の意義と役割

> 目標：本章では，子どものいる家庭の現状を知り，家庭支援の意義と理念を理解するところから始まる。そのうえで，今日の子育て家庭が如何に課題を抱えやすい状況にあるかを把握する。また，子ども家庭支援の背景にある児童の権利と最善の利益について学び，保育士の専門性として，重要な家庭支援の原理について学んでいく。

## SECTION 1　子ども家庭支援の意義と必要性

### 1　子ども家庭支援とは

> ♣ Mさんは大学2年生。保育士資格を取得して，将来保育所で働くことを目指して現在大学の保育士養成課程で学んでいる。

　Mは将来，保育士として働きながら，自身も子どもを二人はほしいと考えている。しかしこれらの具体的な暮らしのイメージがつかめず，果たして仕事と家庭を両立できるのか，漠然とした不安を感じている。

＊　　　＊　　　＊　　　＊　　　＊

　Mは仕事や家庭，育児をこなすためのサポートとして家庭支援をイメージしただろうか。なぜ，悲壮な覚悟で，すべて自分中心にしなければと考えたのだろうか。

　子どもの育ちは，子どもに直接はたらきかけるだけでなく，子どものいる家庭や家庭が住む地域を含めて必要な支援が届くことで，保証される。これは子どもを取り巻く家庭や社会への支援が子どもの健やかな成長・発達を促すという基本的な考え方に基づいている。

　ここでは，Mの働きながら子どもを育てることに対する不安の背景について探ってみよう。

### （1）　支援，援助

　子ども家庭支援では，「援助」でなく「支援」という言葉が使われている。

　「支援」とは＝力を貸して助けることであり，最終的には本人が行うという意味がある。課題がある場合，家庭が解決に向けて動けるように援助するのである。主体的に解決するのは家族であり，そのための支援である。このように子どものいる家庭が自ら行動するのが支援である。

　保育士は，その専門性を活かして，子どもの成長の視点を保護者に伝え，子どもの成長を保護者と共に喜び合い，それぞれの家庭に寄り添った支援ができることが求められる。

　一方，「援助」とは＝本人ができないことを代行することを意味している。

0歳児の乳児は自分でおむつを交換できないので，0歳児のおむつを交換することは

「援助」である。

　やがて3歳児ともなれば靴を履くこともできるように，保育者が声を掛けながら，助言したり，少し手を貸したりするのは「支援」である。

## （2）　家庭の中の暴力

　「家庭」と聞くと，一般に安全・安心な場所を思い浮かべるが，近年家庭における暴力などの事件が報じられることが多い。家庭内における児童虐待の件は，統計を取り始めた2011年の1101件から2021年の速報値では，20万件を超えている（児童相談所対応件数）。

　児童虐待は，身体的虐待，性的虐待，ネグレクト，心理的虐待に分類されている。昨今の相談件数の増加の背景には，心理的虐待の増加が影響しているともいわれている。

　「児童虐待の防止等に関する法律（通称：児童虐待防止法）（2000年施行）」は，2004，2008年と改正され，児童虐待の早期発見，未然防止が強調された。また児童相談所の立ち入り権限が強化され，児童の権利擁護の視点が明確になった。

　2001年には「配偶者からの暴力及び被害者の保護に関する法律（通称：ＤＶ防止法）が施行された。続いて2006年には，「高齢者虐待の防止，高齢者の養護者に対する支援等に関する法律（通称：高齢者虐待防止法）が施行され，子どもだけでなく，家庭における暴力防止のための法律が整備されていった。

## 2　家庭・家族の機能

## （1）　家庭・家族について

　基本的概念として「家庭」とは「夫婦を中核とし，親子，きょうだいなど近親者を構成員とする血縁的小集団」とされている。また「家族」とは，夫婦・親子・きょうだいなど少数の近親者主要な成員とし，成員相互の深い感情的な関わりで結ばれた，幸福（well-being）の集団である」とされている。これらは同居の有無だけではなく，血縁関係にあるものすべてを含んでいる。

## （2）　変化する家族の捉え方

　今日では，同性婚を認める国もあり，血縁がなくても，一緒に暮らしたい人として，家族を定義づける考え方もある。このようなことから，普遍的な定義づけはできないが，基本的な「家族」の特徴として，次の4つがある。

① 法的な婚姻関係

　夫婦関係を基本としており，法的な婚姻関係の手続きに基づく夫婦である。

② 親族関係

　「血縁関係または婚姻関係でつながりをもつ者」を総称して指す。

③ 感情融合

　感情の結合を基本としており，家族成員間の情緒的なつながりである。

④　生活保障と福祉

　　生活の保障と福祉の追求を第一の目標としていることである。「福祉」の意味には「幸福」も含まれており，家族は幸せを追求する集団である。


（3）　マードック（George Peter Mardock）の家族の4つの機能

　　アメリカの文化人類学者のマードックは，家族の形態として，「核家族普遍説」を唱え，夫婦と子どもからなる「核家族*」は，世界のあらゆる人間社会に存在すると主張した。その核家族が，他と組み合わさって様々な形態の家族をつくるとした。

そして，家族の機能を次の4つとした。

　　*核家族：一組の夫婦と未婚の子どもによって構成される家族のこと。マードックが主著『社会構造』のなかで述べた考え方である。

①　性的機能（夫婦間の性的充実）

②　経済的機能（経済活動を行い，住居と食を共にする）

③　生殖機能（子どもを産み育てる）

④　教育的機能（子どものしつけと教育）があるとしている。

　　こうした機能は，社会生活が循環していくのに必要不可欠なものである。

　　これらの機能は家族の中だけのことではなく，学校や高齢者施設など家庭の機能を補完する役目として，社会が担っているのである。

　　このほか家族の機能として，「世帯」という「住居と生計を共にしている人びとの集まり」という分類をする場合もある。

　　世帯には血縁の有無には関係なく，「家庭支援」において支援される家庭は，里親（血縁関係がない）として子どもを養育する家庭への支援も含まれている。


（4）　子育てを担う者

　　子どもを産む母親がしつけや生活習慣，教育の主たる責任を負うという現代の社会認識は，以前から当たり前であったわけではない。

　　中世ヨーロッパの貴族社会の子育ては，乳母が担うものであった。母親たちは，子どもを田舎の乳母に預け，物心ついてから手元においたのである。

　　一方，日本における江戸時代の武士階級の子育ては，暮らしに関する日常は，母親が担い，しつけは父親の役割であった。商人の家庭も同様に，家業を継ぐ子どもの教育は父親が担っていたのである。

　　このように子育ての責任を負う大人は，時代によって異なっている。現代の日本社会において子育ての日常だけでなく，教育やしつけなどの責任の多くは母親が担っている。

　　この背景には，近代家族が性別役割分業*であったことや，都市で働く労働者が増え，生活する家庭と，職場が空間的に離れたことが挙げられる。

　　*性別役割分業：近代家族においては，夫婦間で「男は仕事女は家庭」という役割や労働の分業があった。このような男女間の分業あるいはそれを前提とした社会制度のこと。

# SECTION 2　近代家族の特徴からみた家族支援の意義

### 1　近代家族とは

　近代家族は，近代社会に現れた家族の典型的な形態であり，その特徴は①公私が分離されたため職場と家庭が空間的に離れていたこと，②愛情の結びつきが重視されていたこと，③子ども中心であること，④性別役割分業の4つである。

　未婚率が低く，離婚も少なく，多くの若者は20代に結婚し，子どもを2～3人産んで育て，主に夫が仕事，妻が家事を担う家族をつくり上げていったのである。日本においては，1970～80年代が「近代家族」の頂点であった。現在の家族は，1980年頃からのグローバリズム等の経済的な変化の影響により，女性の雇用が進む中，男性の収入格差が拡大していく。また，個人化が，家族のもつ「離婚はしてはいけない」という規範にも影響し，離婚率の上昇にもつながっている。現在の家族は，家族を実現できない人の割合が増え，近代家族への回帰とのはざまにあるといえる。近代家族の流れをくむ現在の家族は，どのような特徴をもっているかをみてみよう。

### （1）　育児不安

　近代家族は，家族愛の絆で結ばれ，プライバシーを重んじ，夫が稼ぎ，妻が主婦である性別役割分業を行い，子どもに対して愛情を注ぎ教育熱心な家族である。しかし，その家族の機能は，前述の通り時代と共に変化するものであり，さらに近年は，子育てする家庭が孤立する傾向にあり，専業主婦が子育て「育児不安」を強く感じる割合が高いという報告（1980年代）がある。牧野（1982）は，教育不安を「健全な教育行動を阻害するような一種の負荷現象を主観的に表明したもの」ととらえている。また，子どもに育てにくさがあるかどうかよりも社会的なサポートが多いほど，子育ての不安が軽減するという指摘もある。

### （2）　母親による育児の限界

　家庭支援の必要性が唱えられた背景の一つに，子育ての役割分業を担っている母親が，誰にも頼りにできる人がいない中で，子育てをする孤立化の問題である。つまり現代は落合（2019）が指摘したように，母親による育児の限界を社会が周知し，母親が就労しているか，いないかに関係なく，家庭支援が必要になった時代といえるのである。

### （3）　国勢調査からみた世帯の変化

　図1-1の世帯構成員の人数の変遷によると国勢調査が初めて行われた1920年の平均人員は4.99人，1970年は3.73人，1995年は2.85人，2020年は2.26人と1970年以降，平均世帯人員は一貫して減少している。その要因には，単独世帯の割合要因と世帯規模要因の二つが考えられる。

　図1-2は世帯規模別世帯割合の推移である。単独世帯の割合が総世帯数の中で占める

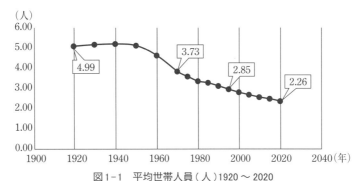

図1-1　平均世帯人員（人）1920～2020

出典：国立社会保障・人口問題研究所「人口統計資料集」（2022）より筆者作成

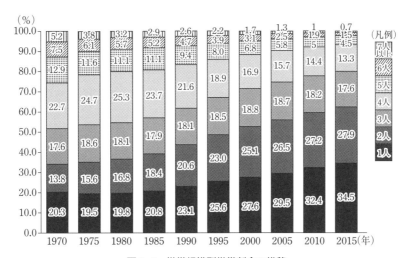

図1-2　世帯規模別世帯割合の推移

出典：総務省統計局「国勢調査」（2015）

表1-1　世帯数の推移

| 家族類型別一般世帯数* | | | 親族のみの世帯 | | | | | (単位1,000世帯) |
|---|---|---|---|---|---|---|---|---|
| | | | 核家族世帯 | | | | | 核家族以外の世帯 |
| 年　次 | 総　　数 | 計 | 夫婦のみ | 夫婦と子供 | 男親と子供 | 女親と子供 | | 夫婦と両親 |
| 2005（平成17）年 | 49,063 | 34,246 | 9,625 | 14,631 | 605 | 3,465 | | 246 |
| 2010（平成22）年 | a)51,842 | 34,516 | 10,244 | 14,440 | 664 | 3,859 | | 232 |
| 2015（平成27）年 | a)53,332 | 34,315 | 10,718 | 14,288 | 703 | 4,045 | | 191 |
| 2020（令和2）年 | a)55,705 | 33,890 | 11,159 | 13,949 | 738 | 4,265 | | 159 |
| （再　掲） | | | | | | | | |
| 18歳未満の世帯員のいる世帯 | 10,734 | 10,679 | 0.2 | 8,122 | 107 | 1,080 | | 0.0 |
| 65歳以上の世帯員のいる世帯 | 22,655 | 15,807 | 6,848 | 3,083 | 451 | 2,146 | | 151 |

〈備考〉　「国勢調査」（10月1日現在）による。＊一般世帯とは，住居と生計を共にしている人の集まりまたは一戸を構えて住んでいる単身者，別に生計を維持している間借りの単身者または下宿屋などに下宿している単身者及び寄宿舎，独身寮などに居住している単身者をいう。a）家族類型不詳を含む。

出典：総務省統計局「国勢調査結果」（2022）

割合が増加していることがわかる。総務省統計局「国政調査」によると、世帯数の総数は表1-1の通り、2005年以降も増加し続けている。

　世帯人数が平均して減少している要因としては、単独世帯が増えていることや1世帯の構成人数が減っていることなどが挙げられるが、世帯規模要因の影響がより大きいことが指摘されている。

　図1-3をみると2021（令和3）年の出生者数は、81万人で、合計特殊出生率*は1.30であったことがわかる。合計特殊出生率は、2005（平成17）年の1.26からわずかに増えているが、人口を維持するのに必要とされる2.1を大きく下回っている。また、総人口に占める65歳以上の高齢者人口の割合の推移をみると、1985年に10％、2005年に20％を超えて、2022年には、29.1％となった（総務省統計局：1. 高齢者の人口）。まさに少子化と高齢化が同時に進行する少子高齢化社会が進行しているのである。

　　＊合計特殊出生率：出産可能な年齢15～49歳において一人の女性が産むと考えられる子どもの数

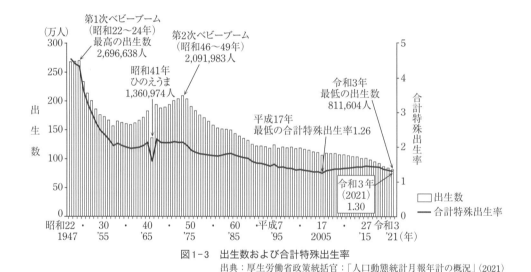

図1-3　出生数および合計特殊出生率
出典：厚生労働省政策統括官：「人口動態統計月報年計の概況」(2021)

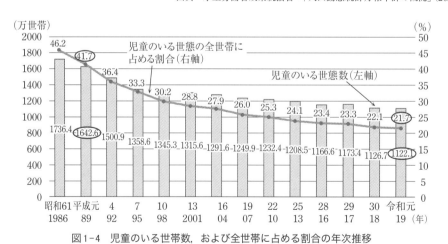

図1-4　児童のいる世帯数、および全世帯に占める割合の年次推移

〈備考〉　厚生労働省「国民生活基礎調査」より内閣府男女共同参画局作成
出典：内閣府男女共同参画局「結婚と家族をめぐる基礎データ資料」(2021)

## （4）　子どものいる世帯の割合

　図1-4をみると1986（昭和61）年の子どものいる世帯の割合は46.2％であった。世帯のうちの約半数に子どもがいたことになる。しかし2019（令和元）年の子どものいる世帯は全世帯の21.7％に減少し，世帯全体の4分の1になっている。この結果から，子育て家庭が地域の中でも少数派となり，孤立する傾向がうかがえる。

　図1-5をみると家庭の中において，妻と夫の間で家事・育児に費やす時間は妻が1日7.34時間に対して，夫は1.23時間であり，夫は妻の約6分の1であることがわかる。諸外国との国際比較をみても日本の夫の家事・育児時間の低さが際立っている。

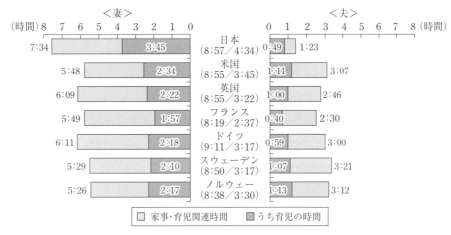

図1-5　6歳未満の子どもをもつ夫婦の家事・育児時間の国際比較

〈備考〉
1. 総務省「社会生活基本調査」（平成28年），Bureau of Labor Statistics of the U.S. "American Time Use Survey"（2018）及び Eurostat "How Europeans Spend Their Time Everyday Life of Women and Men"（2004）より作成
2. 日本の数値は，「夫婦と子供の世帯」に限定した夫と妻の1日当たりの「家事」，「介護・看護」，「育児」および「買い物」の合計時間（週全体平均）
3. 国名の下に記載している時間は，左側が「家事・育児関連時間」の夫と妻の時間を合わせた時間。右側が「うち育児の時間」の夫と妻の時間を合わせた時間

出典：内閣府男女共同参画局：「男女共同参画白書」（2020）

## 2　戦後の子育て支援の流れ

　次に第二次大戦後の子育ての変遷についてみてみよう。

## （1）　戦後子どものいる家庭への施策

　村上（2010）によると，戦後子どものいる家庭への支援は，児童福祉全般の向上を目的として1947（昭和22）年に制定された児童福祉法\*により，児童救済や児童保護に始まった。

　戦後の混乱の中で戦災孤児とよばれる子どもの健康と生活を守ることが優先された。児童福祉法では，第2条第2項，同第3項のように児童の健全育成の第一義的責任は，保護者にあることが明示されている。

　\*児童福祉法：児童福祉の基盤となる法律。社会の実情に合わせて改正が繰り返されている。

児童福祉法（1947年）

　　第2条第2項　「児童の保護者は，児童を心身共に健やかに育成することについて第一義的責
　　　　　任を負う」
　　第2条第3項　国および地方公共団体は，児童の保護者と共に，児童を心身共に健やかに育
　　　　　成することを負う」

　続く，1960年代からの子育て支援は，おおよそ以下のように変遷してきた（下線部筆者）。

①　1960年代は<u>子どもの健全育成や保育事業の整備</u>がなされた，この時期は，経済の
　高度成長期であった。

②　1980年代は子ども支援の理念は「健全育成」であった。この時代は，前述のように
　育児不安が取り上げられ，すべての母親に対しての子育て家庭支援へと変遷した。

③　1990年代になると，少子社会に対応すべく，子育て家庭や女性就労者への支援と
　いう形で，<u>育児不安をもつ家庭への支援や女性自己実現の支援</u>となった。

④　2024年4月から，子育て世帯に対する<u>包括的な支援のための体制強化及び事業の拡
　充</u>がなされ，市町村は「こども家庭センター」の設置に努めることとなった。これに
　より，妊娠期から子育て時期までを通したマネジメントが行われることになり，切れ
　目のない子育てへのサポートが期待されている。

## （2）　子育て支援の理念

　1990年に合計特殊出生率が過去最低の1.57に低下し，本格的な少子高齢化社会への
対応が迫られたことをきっかけに子育て支援が推進されることとなった。そして子育て
不安やストレスは，誰にでも生ずる可能性があると考えられ，社会的に対応しなければ
ならないものという視点に転換されたのである。

　1994年に日本は国連総会で1989年に採択された「児童の権利に関する条約」を批准・
締結した。これは，子どもの人権を保障するものであり，すべての子どもは権利の主体
とされ，国が子どもの権利を認め，これらを行使できるよう努力することを約束するも
のである。

## （3）　父親・母親への支援

　2000年に入ると，労働者としての父親・母親の支援として，育児や仕事の両立や男
性労働者の働き方の見直しがなされた。「子育て支援」において，子どもを育てる親を
支援することは，子どもの育ちを保障するものとして重要である。働く親としての問題
と子どもを育てることは，利害が相反することもあるが「子育て支援」は育てる側の親
の支援よりも，育つ側の子どもの人権と理念を優先的に捉えることが重要である。

　戦後の子育て支援の流れの中で主な対策と対象は子どもから母親へと移り，さらに仕
事と育児の両立を支援するため女性労働者へと多様に変遷した。今後も前述の「児童の
権利に関する条約」の理念に基づき，子どもの人権と育ちが優先され，社会的責任にお
いて支えるという視点を大切に考えていかなければならない。

# SECTION 3　子ども家庭支援の理念と機能

### 1　子ども家庭支援の基本理念

#### （1）　保育者の基本的姿勢

　　子ども家庭支援では，子どもの最善の利益をふまえた権利擁護を行うと同時に，子ど
もの保護者が養育責任を適切に果たすためのサポートを行うことにより，子どもとその
家族を丸ごと支援することを目指している。ここでポイントとなるのは，子ども家庭支
援とは，あくまでも「子どものため」にあるという理念である。

　　このことは，「家庭支援」と「保護者支援」との違いを考えてみると，よくわかる。子
育てに伴う負担を軽減することだけに注目すれば，家事援助サービスや託児サービスも
有効であるに違いない。しかし，保護者（＝お金を支払う人）のニーズを満たすだけでは，
子ども家庭支援とよぶことはできない。なぜなら，家事や育児の負担を軽くしてほしい
という保護者のニーズを満たすことが，すなわち，子どもにとっての利益につながるか
どうかは，ケースバイケースだからである。

 母親と子どもの間に立つ保育者のジレンマ

　　1歳児クラスに在籍している M はダンスが好きな女の子。M の母親はシングルマザー
で，営業職として毎日忙しく働いている。毎朝，開園と同時に登園し，延長保育でも最
後まで残っている日が多い。クラス活動では，いつも楽しそうにしているものの，夕方
遅く，子どもたちの人数が減ってくると，時折，心細そうな表情をみせる。

　　ある日，M の母親から「週末に，子どもと二人きりの家のなかで，たまった家事をし
ているとイライラするので，土曜日も預かってほしい」と頼まれた。これを聞いた担任
保育士は，どのように返事をすればよいのかわからず，園長と相談してから返事をする
ことにした。

＊　　＊　　＊　　＊　　＊

　　このような，母親と子どもの思いが一致しない状況に対して，専門職として向き合う
場合，「何か正しい答えか」よりも，むしろ「どのように考えて，答えを導き出したか」が重
要である。そのためには，まず日々の保育実践や子育て支援を行ううえで制度的な根拠
となる児童福祉法や児童の権利に関する条約について，十分に理解していく必要がある。

#### （2）　子ども家庭支援の法的基盤

　　子ども家庭支援の法的な根拠となるのは，国際条約である「児童の権利に関する条約」
と，これを受けて，2016（H28）年に改正された児童福祉法である。

#### ①　子どもの最善の利益の尊重

　　児童の権利に関する条約の第3条では，子どもの最善の利益を尊重することは，子ど
もを一人の人間として尊重し，その基本的人権を守り，その福祉（well-being）を促進す
るために，保護者や支援者をはじめ社会全体が守るべき基本原理として示されている。

❀児童の権利に関する条約　第3条

1. 児童に関するすべての措置をとるに当たっては，公的若しくは私的な社会福祉施設，裁判所，行政当局または立法機関のいずれによって行われるものであっても，<u>児童の最善の利益が主として考慮される</u>ものとする。
2. 締約国は，児童の父母，法定保護者または児童について法的に責任を有する他の者の権利及び義務を考慮に入れて，児童の福祉に必要な保護及び養護を確保することを約束し，このため，すべての適当な立法上及び行政上の措置をとる。
3. 締約国は，児童の養護または保護のための施設，役務の提供及び設備が，特に安全及び健康の分野に関し並びにこれらの職員の数及び適格性並びに適正な監督に関し権限のある当局の設定した基準に適合することを確保する。

注）下線部の記載は，筆者による。

　第3条においては，子どもだけでなく，子どもを養育するために必要な「養育者」としての権利や義務や，支援を行う「施設」にも触れられていることに注目したい。また，血のつながった母親や父親に限定されていない点にも留意したい。つまり，子どもに対して適切な養育を行うためには，人的環境や物的環境を適切に整える必要があることが示されているのである。

② 父母の養育責任とその支援

　児童の権利に関する条約の第18条では，さらに，もう一歩ふみこみ，養育者が適切に養育できるよう，家庭まるごと支援する必要性があることが述べられている。つまり，子ども家庭支援の基本的姿勢としては，「あらゆる子どもは地域のなかで，保護者が責任をもって育てるべき」という大原則のもとで，「保護者が養育責任を適切かつ十分に果たせるよう，市町村が中心となって必要な支援を行う」ことが求められているのである。

❀児童の権利に関する条約　第18条

1. 締約国は，<u>児童の養育及び発達について父母が共同の責任を有する</u>という原則についての認識を確保するために最善の努力を払う。父母または場合により法定保護者は，児童の養育及び発達についての第一義的な責任を有する。児童の最善の利益は，これらの者の基本的な関心事項となるものとする。
2. 締約国は，この条約に定める権利を保障し及び促進するため，父母及び法定保護者が児童の養育についての責任を遂行するに当たりこれらの者に対して<u>適当な援助を与える</u>ものとし，また，児童の養護のための施設，設備及び役務の提供の発展を確保する。
3. 締約国は，父母が働いている児童が利用する資格を有する児童の養護のための役務の提供及び設備からその児童が便益を受ける権利を有することを確保するためのすべての適当な措置をとる。

注）下線部と括弧の記載は，筆者による。

　ここでいう「国」には，行政機関(ex. 地方自治体)や実践現場(ex. 保育所)も含まれており，園で保護者に関わっている職員にも適応される。つまり，保育者には，子どもへの保育実践だけでなく，その家族への支援も職務であることも定められている。

### ③　改正児童福祉法の基本理念

　児童権利に関する条約は，1989年に国連で採択され，1994年にわが国でも批准された。2016（H28）年に，児童福祉法は，子どもの権利条約の理念を組み込んで大幅に改正された。戦後まもない1947年に制定されてから初めて基本的な理念が大幅にリニューアルされたのである。改正のポイントは，児童の権利に関する条約にうたわれている理念を全面的にとり入れ，冒頭に掲げた点である。

♻児童福祉法（2016年改正）

**第1条（児童の権利に関する権利条約の遵守）**

　全て児童は，児童の権利に関する条約の精神にのっとり，適切に養育されること，その生活を保障されること，愛され，保護されること，その心身の健やかな成長及び発達並びにその自立が図られることその他の福祉を等しく保障される権利を有する。

**第2条（子どもの最善の利益の尊重）**

　全て国民は，児童が良好な環境において生まれ，かつ，社会のあらゆる分野において，児童の年齢及び発達の程度に応じて，その意見が尊重され，その最善の利益が優先して考慮され，心身ともに健やかに育成されるよう努めなければならない。（以下略）

**第3条（保護者が養育責任を果たすための支援）**

　国及び地方公共団体は，児童が家庭において心身ともに健やかに養育されるよう，児童の保護者を支援しなければならない。（以下略）

注）下線部と括弧の記載は，筆者による。

　改正された児童福祉法の第1条では，児童の権利に関する条約の遵守がうたわれている。次の第2条では，同条約をふまえ「子どもの最善の利益の尊重」を掲げている。さらに，第3条では，「子どもの最善の利益」を保障するために，子どもの育ちを支える家庭養育が適切かつ十分に行われるよう支援する必要のあることが示された。

## 2　子ども家庭支援の制度的背景

### （1）　子ども家庭支援における市区町村の役割

　かつて，児童福祉という言葉には，保護者のいない子どもなど，よほどの事情のあるケースだけを対象に施されるものという，ネガティブなイメージがつきまとっていた。2000年以降，児童福祉法がたびたび改正された結果，現在では，子どもと家庭への支援は，最も身近な基礎自治体である市町村が責任をもって取り組むこととなり，子どもの保護者に足しては，対等な関係のなかでサポートするようになった。

　例えば，保育所の入所までの流れでは，保護者が市町村の窓口に申請用紙を提出することで，どの園に入りたいかという希望を述べる。市役所では，それぞれの家庭状況などを考慮しつつ，様々な調整の上，最終的な入所決定を行う（なお，幼稚園の場合は，保護者と園とのプライベートな契約になり，保育所入所とは制度的に異なる）。

　このため，保育者は，市町村によって入園が許可された子どもとその家族に対して，保育および子育て支援サービスを同時に提供する専門職として，制度のうえでは位置づけられる。図1-6でも，保育所・認定こども園・幼稚園等における保育実践は，市町村

における子ども家庭支援の一つとして実施されていることが示されている。つまり，子ども家庭支援とは，市区町村を中心に，様々な地域資源の連携のもとで実施されており，保育園・認定こども園・幼稚園等は，こうした機関の一つとしての役割を担っている。

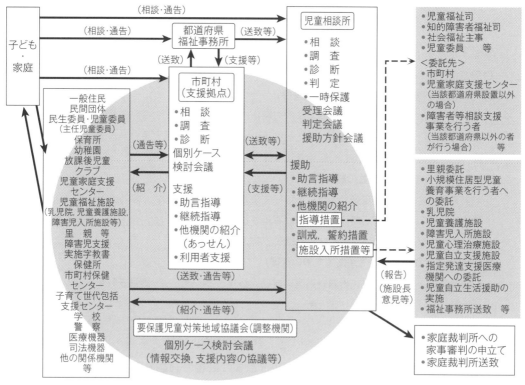

図1-6　市町村におけるこども家庭支援の系統図

出典：厚生労働省（2020）「市町村子ども家庭支援指針」

## （2）　児童虐待対策における地域資源の役割分担

　　児童虐待の問題については，かつては児童相談所だけで対応していた。現在では，図1-7のとおり，児童養護施設や乳児院の入所が必要なケースとか，重篤な児童虐待を受けていて保護者と引き離して一時保護を行う必要があるケースとか，きわめて高い専門性の高い介入を必要とするケースを，児童相談所で担当することになった。

　　一方，市区町村では，重篤な事態には至っていないものの，虐待リスクの高い家庭への対応を含めた，子ども家庭支援サービスの多くを担う方向に変わりつつある。保育所・認定こども園・幼稚園等の就学前の子どもが通う施設も，市町村による子ども家庭支援サービスの提供機関としての役割を果たしている。子ども家庭支援サービスの対象は，あらゆる子どもとその家族で，ちょっとした育児の悩みや不安も扱う。どんなに恵まれているようにみえる家族でも何かしらの悩みはあり，一見，ぜいたくな悩みと思えるようなものでも支援対象となる。

　　かつて，家庭内で起こった問題は，よほどのことがない限り，めったに公的な支援の手が届くことはなく，地域のなかで家族や親族でなんとか対応してきた。しかし，前節で説明したように，地域でのつながりが薄まり，家族のメンバーも減りつつあるなかで，

家庭で対応することは難しくなった。

　最初は，少し言い過ぎてしまったり，思わず手が出てしまったりしたアクシデントでも，何かの拍子に児童虐待まで至ってしまうと，その後の対応は，とても難しくなってしまいがちである。このため，こじらせて問題が大きくなってから，施設入所など，親子を分離して対応することのないよう，身近な地域のなかで日常生活を続けながら，早期発見・早期対応に努めることが重視されるようになった。図1-7には，児童虐待のグレードとこれに対応する地域資源が図としてまとめられており，家庭でかかえている様々な問題も，このように地域資源を適切に組み合わせることで対応している。

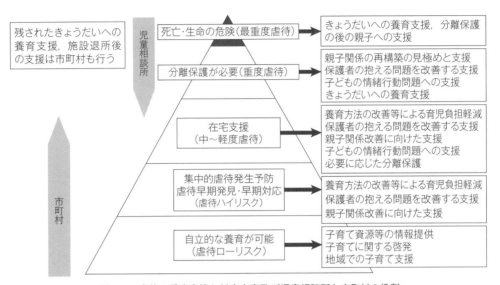

図1-7　虐待の重症度等と対応内容及び児童相談所と市町村の役割
出典：厚生労働省(2013)「子ども虐待対応の手引き」

### 3　保育の専門性を活かした子ども家庭支援の機能

（1）　保育の専門性を活かした子ども家庭支援

　2016年に改正された児童福祉法第10条では，市町村が行う子ども家庭支援の内容として，①状況把握，②情報提供，③困りごとへの対応，④その他，と規定している。

　保育園・認定こども園・幼稚園等は，市町村において，子ども家庭支援サービスを提供する機関の一つである。園の職員として，子どもや保護者の様子を観察して記録することで状況把握につとめたり，おたよりなどで情報提供したり，保護者から困りごとの相談を受けたときには傾聴して，気持ちを受けとめたり，アドバイスしたりする。

　ただし，子ども家庭支援そのものは，園以外の場でも行われており，保育者以外の専門職でもサービスの提供を行うことが可能である。そのなかで，保育の専門性を活かした子ども家庭支援とは，どのように行われているのか，次の4項目を導き出すことができる。

保育の専門性を活かした「子ども家庭支援」の機能

①子どもとその保護者一人ひとりに応じた個別的な支援を提供すること。

②保護者にとって身近で通いやすい場を提供すること。

③子どもの「生活」の場を提供すること。

④身近な地域における子ども家庭支援サービスの拠点であること。

## （2）一人ひとりに応じた個別的な支援を提供

　例示「母親と子どもの間に立つ保育士のジレンマ」p.9をもとに，上記の保育の専門性を活かした子ども家庭支援の機能について，順番に考えていこう。

　まず，個別的な支援として，保育者とあなたは，Mとそのお母さんの顔を思い浮かべながら，話し合いをするだろう。この親子の状況について共通理解をもとうとするはずだ。つまり，Mとお母さんを，1歳児クラスという集団の構成要素としてではなく，かけがえのない個性をもつ人間として認識したうえで，どのような支援がベストの選択となるのか，検討しようとしている。

　このような個別的な支援は，長期にわたる保育実践を通じて，保育者・子ども・保護者との間に信頼関係があるからこそ実現可能である。

## （3）身近で通いやすい場の提供

　次に，園が身近で通いやすい場を提供できるという機能をもっていることに注目したい。Mのおかあさんから「土曜日も預かってほしい（土曜日保育を利用したい）」と頼まれたのは，お母さんにとっては園が身近で預けやすい場であることが背景にある。実際のところ，毎週，土曜日保育を提供するか否かはさておき，シングルマザーであるMのお母さんにとっては，身近に，いざとなったらいつでも頼ることができる場がある，という事実は心強いものだろうと推測される。日曜日や祝日などの例外を除けば，そのつど，お金を支払う必要もなく，いつでも気軽に頼れる場があることは，地域での絆が弱くなり，家族に全面的に頼ることができなくなった現代社会では，とても貴重だといえよう。

## （4）子どもの「生活」の場の提供

　3番目の「生活」の場の提供については，平日，Mが園で多くの時間を過ごし，食事・排泄・着替え・睡眠など，生活に深く関わっていることが挙げられる。園は，保護者の就労を支えるだけでなく，子どもたちにとっても，質の高い生活を送るための場を提供する役割を果たしている。お母さんが土曜日も預けたくなった背景には，家事を行いながら片手間にMの相手をするよりも，保育園で先生や友だちと過ごした方がよいだろうという，お母さんなりの判断もあったことがうかがえる（ただし，Mのおかあさんと一緒に過ごしたいという思いまでは，気づいていないのかもしれない。その場合は，保育者がKの思いを代弁し，お母さんに伝える必要がある）。

（5）　身近な地域における子ども家庭支援サービスの拠点

　　最後に，子ども家庭支援サービスの拠点としての役割について考えてみよう。園では，様々な機関との連携をとりながら，保育者だけでは対応しきれない問題にも対応している。例えば，健康上の問題であれば医療機関との連携や，障害など発達上の問題があれば発達支援センターとの連携も考えられるだろう。さらに，地域には，保育園・認定こども園・幼稚園の他にも，地域子育て支援センターなど，異なる種類の保育サービスも提供されている。

　　つまり，保護者が抱えている問題に対し，園を拠点として，他機関につなぐことで，他のより適切なサービスの利用を促すことも可能である。保護者の立場になってみれば，保育園だけに頼るのではなく，様々な地域資源を知り，必要に応じて使い分けていく可能性にひらかれることになる。K親子も，数年後には，保育園を卒業することを考えれば，様々な地域資源とのつながりをもつことは，将来，必ず活きるだろう。


　　以上のように，園では，保育の専門性を活かして，他の機関にはみられない独自の子ども家庭支援サービスを展開している。その内容や方法について，詳しくは，2章以降で学ぶ。

**Column　こども家庭庁創設のインパクト**

　　本書は，保育士資格取得を目指す学生に向けて執筆されているが，子ども家庭支援の担い手は保育士に限定されるものではない。厚生労働省が管轄する国家資格をもつ専門職のほかにも，地域の様々な人々が担っている。しかし，長年にわたり，こうした多様な立場の人々を統括する機関はなく，連携に支障をきたすこともあった。

　　2023(令和5)年4月に，ようやく，子ども家庭支援の司令塔となる省庁が誕生した。本書の最終部分（6章 Section 3）に，こども家庭庁の概要が示されているが，その具体的な役割と機能は，これからつくり上げられていくものである。子どもに近い場所にいる私たちも，その動向を注視していきたい。

# SECTION 4　保育所保育指針における子ども家庭支援

### 1　子ども家庭支援の位置づけの変遷

　2001年の児童福祉法改正により，国家資格化された保育士の業務には，子どもへの保育だけでなく，その家庭への支援も新たに加わった。しかし，実践現場では，国家資格化される前も，保護者や地域に対する支援は行われてきた。保育所保育指針が，数回にわたる改訂を重ねてきたなかで，保護者支援や地域子育て支援がどのように位置づけられてきたのか，その移り変わりをみていこう（図1-8）。

### （1）　1990（平成2）年の改定

　1965（昭和40）年に，厚生省（当時）より保育所保育の初めてのガイドラインとして保育指針が策定された。その後，1990（平成2）年と1999（平成11）年に改定されたが，ここまでは厚生省児童家庭局からの通知であり，保育指針は法的な強制力をもつものではなかった。

　1990（平成2）年の改定は，保育指針がつくられてから25年が経っているが，「1.57ショック」や保育所が措置制度から利用制度に変更されたことなど，この間に子どもを取り巻く環境は大きく変化した。

　家庭や地域との連携については，「家庭と密接な連絡ができるように体制を整える」や「地域の関係機関と十分に連絡をとるように努め，保母は保護者に対して地域の保健活動に参加するように指導する」などが盛り込まれている。

### （2）　国家資格化以降の改定

　2008（平成20）年の3回目の改定時に大臣告示として定め，保育所保育に対して規範性を有する基準として保育指針の性格を明確にした。このときの改定の背景として，子どもの生活が変化する一方で，育児不安を抱える保護者が増加するなど，家庭の養育力の低下や児童虐待の増加を指摘している。そこで，保育所の役割として保護者に対する支援と地域の子育て家庭に対する支援を明確に位置づけ，「保護者に対する支援」という独立した章を設け，保護者に対する支援の基本も記載された。

　さらに，2015（平成27）年度から，子ども子育て支援新制度が本格施行され，保育をめぐる状況が変化した。また，少子化や核家族，地域のつながりの希薄化が進むなか，親の育児不安，児童虐待や子どもが生活するなかでの DV など様々な課題が顕在化した。

　このような背景の中で，2017（平成29）年に4回目の改定が行われた。この改定の方向性として，改めて子育て支援の必要性が示され，「保護者に対する支援」の章が「子育て支援」に改められ，その内容を「保育所を利用している保護者に対する支援」と「地域の保護者等に対する子育て支援」に整理し，充実が図られた。

```
┌─────────────────────────────────────────────────────────────┐
│ 1947(S22)年児童福祉法制定：保育所は，児童福祉施設として位置づけられる │
└─────────────────────────────────────────────────────────────┘

┌─────────────────────────────────┐
│ 1948(S23)年児童福祉施設最低基準    │
└─────────────────────────────────┘

┌────────────────────────────────────────────────────┐
│ 1965(S40)年保育所保育指針策定：保育所保育のガイドラインとなる │
└────────────────────────────────────────────────────┘
   1990(H2)年「1.57 ショック」：少子化の問題が顕在化
┌────────────────────────────────────────────────────────┐
│ 1990(H2)年第1回改定：障害児に対する保育や家庭や地域の連携が盛り込まれ │
└────────────────────────────────────────────────────────┘
   1994年(H6)年エンゼルプラン策定から少子化対策，次世代育成支援対策が始まる
┌──────────────────────────────────────┐
│ 1997(H9)年保育所への入所が措置から利用へ   │
└──────────────────────────────────────┘
┌──────────────────────────────────────────┐
│ 1999(H11)年第2回改定：保育所の役割に子育て支援が加わる │
└──────────────────────────────────────────┘
┌──────────────────────────────────────────────┐
│ 2001(H13)年児童福祉法改正：保育士資格の法定化(国家資格になる) │
└──────────────────────────────────────────────┘
┌──────────────────────────────────────────┐
│ 2008(H20)年第3回改定：告示化され，強制力を持つものとなる │
└──────────────────────────────────────────┘
┌────────────────────────────────────────────────────────┐
│ 2012(H24)年児童福祉法改正：保育所の対象が「保育を必要とする」に変更 │
└────────────────────────────────────────────────────────┘
   2015(H27 )年子ども・子育て支援新制度本格施行
┌────────────────────┐
│ 2017(H29)年第4回改定 │
└────────────────────┘
```

図1-8　保育所保育指針の改定の流れ

## 2　社会資源としての保育所の役割

### (1)　国家資格化以前の保育所保育指針にみる保育所の役割

　　1965(昭和40)年の保育指針第1章総則では，「保育所は保育に欠ける乳幼児を保育することを目的とする児童福祉施設である」と，その役割を保育に欠ける乳幼児への保育と位置づけている。1947(昭和22)年の児童福祉法制定当初，保育所は保護者の委託を

表1-2　保育所保育指針の子育て支援に関する章の前文の内容

| 1999(平成11)年改定 | 2008(平成20)年改定：告示化 | 2017(平成29)年改定 |
|---|---|---|
| **第13章　保育所における子育て支援及び職員の研修など**<br>　今日，社会，地域から求められている保育所の機能や役割は，保育所の通常業務である保育の充実に加え，さらに一層広がりつつある。通常業務である保育においては，障害児保育，延長保育，夜間保育などの充実が求められている。また地域においては，子育て家庭における保護者の子育て負担や不安・孤立感の増加など，養育機能の変化に伴う子育て支援が求められている。<br>　地域において最も身近な児童福祉施設であり，子育ての知識，経験，技術を蓄積している保育所が，通常業務に加えて，地域における子育て支援の役割を総合的かつ積極的に担うことは，保育所の重要な役割である。 | **第6章　保護者に対する支援**<br>　保育所における保護者への支援は，保育士等の業務であり，その専門性を生かした子育て支援の役割は，特に重要なものである。保育所は，第一章(総則)に示されているように，その特性を生かし，保育所に入所する子どもの保護者に対する支援及び地域の子育て家庭への支援について，職員間の連携を図りながら，次の事項に留意して，積極的に取り組むことが求められる。 | **第4章　子育て支援**<br>　保育所における保護者に対する子育て支援は，全ての子どもの健やかな育ちを実現することができるよう，第1章及び第2章等の関連する事項を踏まえ，子どもの育ちを家庭と連携して支援していくとともに，保護者及び地域が有する子育てを自ら実践する力の向上に資するよう，次の事項に留意するものとする。 |

受けて乳幼児を保育する施設と規定されていたが，1951（昭和26）年の改正により，保育に欠ける乳幼児を入所させる児童福祉施設となり，保育所の役割が明確になった（余公 2001）。

　1990（平成2）年の保育指針においても，保育に欠ける乳幼児の保育を保育所の役割と位置づけると共に，家庭や地域社会との連携の中で，家庭養育の補完的機能を有することが保育の基本だとされた。

　1999（平成11）年の保育指針でも，これまで同様に保育に欠ける乳幼児の保育を目的とし，保育所は家庭養育の補完機能をもつとしているが，その際，保護者の協力の下で保育を行うと，保育所と家庭との関係に言及している。さらに，「子どもを取り巻く環境の変化に対応して，保育所には地域における子育て支援のために，乳幼児などの保育に関する相談に応じ，助言するなどの社会的役割も必要となってきている」と述べ，保育所の役割として地域における子育て支援をあげている（表1-2）。

（2）　国家資格化以降の保育所保育指針にみる保育所の役割

　2008（平成20）年の改定では，第1章総則に保育所の役割の節を設けた。保育所の役割について具体的に記載されているが，そのポイントは，次のようにまとめられる。

① 　保育に欠ける子どもの保育を行う。
② 　専門性を有する職員が，家庭との緊密な連携の下に，保育所における環境を通して，養護及び教育を一体的に行う。
③ 　家庭や地域の様々な社会資源との連携を図りながら，保護者に対する支援及び地域の子育て家庭に対する支援等を行う。
④ 　保育士は，倫理観に裏づけられた専門的知識，技術及び判断をもって，子どもを保育すると共に，子どもの保護者に対する保育に関する指導を行う。

　2017（平成29）年の保育指針では，保育所の役割について大きな改定は行われていない。このように，保育所保育指針は，子どもを取り巻く環境の変化や社会の要請により改定され，現在に至っている（表1-3）。保育に関する専門性を活かしつつ，保護者や関係機関等と連携し子どもの育ちを支えることや地域の子育て家庭への支援が求められており，その期待は大きいといえる。

（3）　社会資源としての保育所の意義

　表1-3に示したように，数回の改定を経た結果，現行の保育所保育指針では，自らの社会資源としての役割について，以下のように述べている。

第1章総則1保育所保育に関する基本原則（1）　保育所の役割

ウ　保育所は，入所する子どもを保育するとともに，家庭や地域の様々な社会資源との連携を図りながら，入所する子どもの保護者に対する支援及び地域の子育て家庭に対する支援等を行う役割を担うものである。

表1-3　保育所保育指針にみる保育所の役割の変遷

| 年　度 | 役　割 |
|---|---|
| 1965（S40）年 | ・保育（養護と教育） |
| 1990（H2）年改定 | ・保育（養護と教育）<br>・家庭養育の補完 |
| 1999（H11）年改定 | ・保育（養護と教育）－保護者の協力の下での家庭養育の補完<br>・地域における子育て支援（保育に関する相談・助言） |
| 2008（H20）年改定 | ・家庭との緊密な連携の下での保育（養護と教育）<br>　家庭や地域の社会資源との連携を図りながら |
| 2017（H29）年改定 | ・保護者に対する支援（子どもの保護者に対する保育に関する指導）<br>・地域の子育て家庭に対する支援 |

　入所する子どもの保育や子育て支援を行ううえで，地域の他の社会資源と連携を図ることも重要な子育て支援の方法である。また一方で，保育所は地域社会や他機関からも連携を求められる存在であることも忘れてはならない。連携を行っていくには，保育所が行っている保育や子育て支援サービスの具体的な内容を地域社会等に説明し，広く知ってもらうことも必要となる。

　また，地域のつながりが希薄になっている現代において，身近に相談相手がなく，子育て家庭が孤立しがちとなっている状況も少なくない。特に，必要な社会資源を探し選択することが難しい保護者や自ら助けを求められない保護者へも保育所の情報が届き，安心・安全で，温かく受け入れてくれる最も身近な社会資源の一つになることが求められている。

　こうした保育所の日々の保育や子育て支援サービスを通じて，子育て力のあるコミュニティをつくっていくことも保育所の役割として期待されており，この保育所における保育や子育て支援の営みは，児童虐待の防止にもつながる重要なものと位置づけられている。

# 2章　保育者による家庭支援の意義と基本

目標：本章では，保育の専門性を活かした家庭支援の重要性を学ぶ。保育者がもつ倫理観に裏づけられた専門的知識・技術をもって，子どもを保育すると共にその信頼関係を構築することの重要性を体得する。専門職と連携し，子どもの育ちを保護者と共有し，保護者と地域の関係性も子どもの成長を支える力となることをはたらきかけていく。

## SECTION 1　保育の専門性を活かした子ども家庭支援

### 1　保育の専門性

 episode　2-1　子どもの嘘にとまどう保護者

　　入職2年目4歳児年中組の担任をしている保育者は，ある日保護者から「Mに先日の遠足の話を聞いたのですが，『遊園地に池があってお魚を釣った。釣ったお魚を焼いてみんなで食べた。とってもおいしかった』と楽しそうに話してくれた。遠足先の遊園地には，そんなところはないはずで，Mが平気で嘘をいうようになったのではないかと心配です」という相談を受けた。初めての子どもであるMの嘘を心配しての保護者からの相談であった。

　　　　　　　　　＊　　　＊　　　＊　　　＊　　　＊

#### （1）　子どもの成長・発達を援助する知識・技能

　　「保育所保育指針」で保育者は，「倫理観に裏づけられた専門的知識，技術及び判断をもって，子どもを保育すると共に，子どもの保護者に対する保育に関する指導を行う」とされている。

　　episode 2-1の若い担任保育者はMの母親に「お母さんは驚かれたでしょうが4歳児は想像力が豊かに発達する年頃といわれています。4歳児は『こうだったらいいな』ということが口をついて出ることがあります。Mもお母さんに遠足のことを聞かれて，『遊園地で見た池にお魚が泳いでいたらいいな，みんなでお魚が釣って焼いて食べられてらいいな』と想像豊かに考えたことを話したのでしょう。私は，Mはこれからどんどん想像力豊かなお子さんになっていくと思います。Mの話を否定はしないで，よく聞いてあげてください。そのうえで，さりげなく，『そうだったらいいね』と事実と想像したことの違いに気づくようにしてあげたらどうでしょう」と答えたという。

　　この episode 2-1における相談・支援のポイントとして，次のようなことが挙げられる。

①　保護者の気持ちに寄り添うことから始める

　　「お母さんも驚かれたことでしょう」と保護者が感じている困り感，心配にしっかり耳を傾け受け止める。

②　「私は…と考えます」と「私は」を入れて話す

　保護護者からの相談に対して「私は…と考えます」という言い方をすることによって，断定的なものの言い方を避けると同時に，保護者自身の判断にゆだねる。

③　長期的な発達の見通しについてわかりやすく伝える

　保護者が問題としている行動を，保育者がもつ発達過程や発達課題に関する専門的知識や子どもの育ちについての見通しをわかりやすい言葉で伝え，子どもの成長を保護者と共に喜び見守っていく。


## （2）　子どもの力を引き出す生活援助

　保育者が行う生活援助の主な場面は，食事，排泄，睡眠，着脱衣，清潔といった生命保持のために必要な基本的生活における援助であるが，それら生活面での援助は，単にスムーズに生活できるために必要なことの援助のみならず，「うまくスプーンで食べられた」とか，「ズボンを一人ではけた」など，子どもが自己肯定感を得たり，少し難しいことに挑戦し達成感を得たり，自分の身の回りのことは自分でやるという主体性を育てていくことでもある。

　例えば，園庭に出るために靴下や靴を履くことの援助の場面を考えてみると，保育者は，ただ靴下や靴を履かせるのではなく，子どもが自分で履こうとする意欲を汲み取って，「かっこいい靴だねえ。○○ちゃんが履けるところを見たいな」などの声かけだけで見守ったり，一人で履けたときに「すごいね。一人で履けたね」と認める声かけをすることによって子どもの「履ける」という自己肯定感や「履けた」という達成感，他人任せでなく自分で履こうとする主体性の育ちを支えている。

　園でのこのような子どもの力を引き出す生活援助の仕方，「○○ちゃんが履けるところ見たいな」などといった声掛けのしかたを家庭でも保護者が行っていけるよう，園だよりなどで伝えたり，実際に降園時に子どもが靴を履いているところに行って声かけをする姿をみせることによって保護者に伝えていきたい。


## （3）　家庭支援のための様々なしかけ（園環境・配慮）

　園においては，保護者が子どもの育ちや園の保育理解に役立つような子育て支援のための下記のようなしかけ（環境・配慮）を用意したい。

①　ドキュメンテーションの掲示

　日々，子どもが遊びを通して学ぶプロセスをドキュメンテーションとよばれる写真に文章を添えた資料を保育室前の廊下や園の玄関先に掲示することによって，お迎えのときに保護者の目にとまったり，それを見ながら子どもとの会話ができるようにする。

②　「保育参観」，「保育参加」，「行事への参加」，「保護者会」

　これらの機会を設けることによって，保護者が園の保育に関わることによって園の保育に対し親近感をもち，理解が深まるようにする。

　「保護者会」は，平日就労の保護者が参加しやすいよう土曜日に開催する。

「保育参観」や「保護者面談」は，保護者の都合に合わせて一定の期間に分散して行う。

③　日々のコミュニケーション

　お迎え時などに，保育者から常に声をかけていく状況をつくる。保護者と日頃からコミュニケーションを図ることで，保護者にとって保育者が「身近な相談相手」となっていく。

## 2　子どもを理解する視点

### （1）　子どもを理解する方法

　子どもを理解することは保育の原点であり家庭支援の原点である。第二次大戦前から戦後にかけて日本の幼児教育界の思想的リーダーであった倉橋惣三は，保育者が子どもを理解することについて，次のように述べている。

---

　子どもは心もちに生きている。その心もちを汲んでくれる人，その心もちに触れてくれる人だけが，子どもにとって，有難い人，うれしい人である。子どもの心もちは，きわめてかすかに，きわめて短い。濃い心もち，久しい心もちは，誰でも見落とさない。かすかにして短き心もちを見落とさない人だけが，子どもと倶（とも）にいる人である。

出典：倉橋惣三『フレーベル新書12　育ての心（上））』p.30. フレーベル館（1976）

---

　ここでは，子どもの傍らにいて，その思いに寄り添うことができる人が保育者であることが述べられている。

　また，戦後の保育学をリードしてきた津守 眞は，保育において保育者が行う行為を次のように述べている。

---

　保育においては一日が単位である。一日の順序にしたがえば，朝，私は子どもと出会い，子どもと交わり，交わる中で見て理解したところにしたがって応答し，子どもと一緒に生活をつくる。子どもが眼前から去った直後から，保育の中でとらえた現象の省察が始まる。掃除をしながら，他人と話しながら，また一人で考える，そのことが次の保育の土台となる。そこまでを含めての保育の一日である。

出典：津守眞『保育の一日と周辺』フレーベル館（1989）

---

　ここでは保育者の一日において，子どもを「見ること」が子どもと「出会うこと」，「交わること」と合わせて三つの側面であると述べられ，さらに津守（1989）は，保育者が子どもにふれるときには「できるだけ心を透明にして，子どもをありのままに受けとる」，「先入観をとり去って見る」ことが必要であると述べている。

　このような日々の保育における子どもとの関わりの中で，保育者は日々保育日誌に，子どもの姿や周囲の状況などを記載し，それに基づいて子どもの興味関心，思いや考えを理解しようと努める。また，そのときには理解しがたかった子どもの思いや考えは，一定期間を経て保育者に見えてくることもある。

　保育者の子ども理解は，以下のような4つの時点においてなされる。

① 日々の保育の中それぞれの時点での理解

② 日々の保育が終わった後の記録からの理解

③ 一定期間に記録されたことからの理解

④ それを園内職員間で話し合う中から生まれる理解

　保護者に対して保育者がこのようにして捉えた子どもの姿を伝えることによって初めて，保護者からの信頼を得て，保護者と共に子どもの成長を喜び見守っていくことが可能になる。

（２）　観察から子どもを理解する際に留意すること

　観察から子ども理解を行う際には，下記の点に留意したい。

① 　保育者が子どもを「発達の遅れのある子」とか「いつも集団行動ができない子」など，保育者が自分自身の枠組みや視点に当てはめた固定的な見方をしていないか。

② 　子どもは，保育者を「安心できる存在」，「自分の味方」と感じているか。

　（「冷たいまなざしで自分を見ている存在」，「だめなところばかりを指摘して教えようとする存在」と感じているかによって，保育者に見せる姿は異なってくるため）

③ 　多くの子どもがいる通常保育の場面であるか。子どもの人数が減ってくつろいでいる時間外保育の場面であるか（子どもが保育者に見せる姿は場面によっても異なってくるため）。

④ 　自分が子どもをどのように見ているかを自覚することや，どのような場面での観察であるか（子どもを多面的に理解する）。

### 3 　保護者を理解する視点

（１）　保護者を理解するための信頼関係の構築

　近年，子どもの親となるまでの間に子育てについて見聞きしたり実際に関わったりする経験のなかった保護者，身近に子育ての不安や悩みを相談する相手がいない保護者が増えている。そのような保護者に対し，専門的な知識や技術をもって保護者の気持ちに寄り添いながら適宜必要な援助をしていくことが，保育者には求められている。しかし，保護者の抱える不安や悩みは様々であり，それを理解するにはまず，保護者との間に信頼関係を構築しなければならない。『保育所保育指針解説』(2018)においても，「保護者と保育者の信頼関係の形成や深まりは，子どもと保護者の関係の育ちや安定にもつながる(p.20)」と指摘されている。保育者は，以下のような機会を通して保護者との信頼関係を築きたい。

① 　日々の保護者との送り迎えの際

　保護者とのコミュニケーションを保育者の方から積極的に行う。

② 　連絡帳や保護者面談を通して

　日々の連絡帳の記載や保護者面談の際に，保護者の知らない，園での子どもの具体的な姿や保育者が素敵だなと思った子どもの様子を伝える。例えば，「園庭でＡが三輪車

を走らせているところに，ブロックを手に持って向かうB。見ていると『ここがこわれました』とＡが車の部分を指差し，Ｂが手に持ったブロックでコンコンと叩いて『これでどう？』，Ａが『うん直った！』というやりとりを何回も繰り返して遊んでいました。少し前までは，一緒に三輪車を並んで走らせて遊んでるだけだったふたりが，もうこんなやりとりをして遊ぶようになったんだとうれしくなりました」など，子どもの具体的な姿を伝え，子どもの成長を保護者と共に喜ぶ保育者でありたい。

　このような連絡帳のやりとりや保護者面談を行うことによって保護者は，たとえ年下の若い保育者であっても，その保育者は，わが子をこんなよくみてくれている，子どもの発達を見通して保育をしてくれていると感じ，信頼感をもつようになる。そして，保育者への信頼感をもった保護者は，保育者に対して日常の抱える悩みなどを気負うことなく話してくれるようになる。『保育所保育指針解説』では，「子どもについて保育者と保護者が共に考え，対話を重ねていくことが大切である（p.20）」と述べている。

③　個人情報の保護について

　①，②のような機会に保護者から得られた，子どもや保護者についての個人情報については，正当な理由がなく秘密を漏らしてはならないことが児童福祉法第18条の22において規定されている。保育者は個人情報や秘密を守るという視点を忘れてはならない。


（2）　保護者を理解する際に妨げとなる要因

　保護者を理解する際に妨げとなる要因をいくつか挙げる。

①　「お迎えは遅くならず，栄養バランスのとれた食事を食べさせ，夜は早く寝かせ，朝はきちんと朝食を摂らせてゆっくりと登園，子どもの話によく耳を傾け…」など，理想とする子育ての在り方を一方的に保護者に要求をする。

②　忙しくても母親ならば当然子どもに献身的に尽くすべき，子どものことを優先すべきであるという母親意識

③　保護者面談などで，子どものできていないところばかりを挙げる。

　上記①～③のような保育者の意識・考え方は，保護者に，こんな保育者に不安や悩みを話しても理解してもらえないだろうという思いを抱かせることとなり，結局は保護者のもつ不安や悩みを理解することの大きなさまたげとなる。保護者は，保育者の言動を自分の子育てへの批判・否定と感じ，その保護者にとって保育者は信頼感をもって相談したいと思う相手ではなくなることに留意したい。


**4**　専門職・地域の関係者・関係機関との連携

　保育園・こども園には保育者以外の専門職として看護師，調理員，栄養士もいる。園では，それぞれのもつ専門性を活かしながら保育者，看護師，調理員，栄養士など全職員がワンチームとなって子どもの保育，保護者支援にあたることが重要である。

　看護師とは，子どもの具合がわるくなったとき，けがをしたときに連携して対応したり，健康や安全への意識を培うための保育内容，保育環境についての助言を得る。調理

員，栄養士とは子どもが豊かな食の体験ができるよう，保育内容，保育環境についての助言を得たり，地域とも連携して食に関する行事の計画を作成する。

## （1）　園における看護師と保護者との関係

　園での看護師は，園児たちの健康管理や応急処置を行うが，時に保護者から，看護師が適切と判断した処置に対し，例えば，「子どもが園でけがをしたのに薬をつけてもらえなかったのはなぜか」という疑問を呈してきたり，「登園後に子どもが発熱して保護者に連絡をとったのに『仕事が忙しく迎えに行けない』，『保育園で病院に連れていってください』」などの返答を受けて困惑させられ，保護者との関係に悩む場合がある。このような場合，看護師にとってはあたりまえのことも，医療的知識に詳しくない保護者にもわかりやすい言葉で，子どもがけがをしたときの状況や対応，子どもの体調の状況やなぜお迎えにきてもらわないといけないのかを詳しく説明することが求められる。保護者にとっては園の看護師もまた「保育者」とみられていることに留意したい。

## （2）　「食育」に関する調理員・栄養士，地域の関係者，専門機関，保護者と連携・協働

　全国保育士会（2020）は，食事は「生きる力の基礎を育むうえで大切なもの」「空腹を満たすだけでなく。信頼関係の基礎をつくる営み」，「生涯を通じた影響を及ぼすもの」であり，生涯にわたる人間形成にとってきわめて重要な時期である乳幼児期の保育を通じた食育が大切であると指摘している。

### ①　保育所の特性を生かした食育

　「保育所保育指針解説」（2018）では，保育所の特性を生かした食育として，「食育計画を全体的な計画に基づいて作成し，（中略）栄養士が配置されている場合は，専門性を生かした対応をはかること」とされ，栄養士は単に食事の提供に関わるだけでなく，食育の実施に際し保育者と連携していくことが求められている。

### ②　食育の環境の整備

　「保育所保育指針解説」（2018）では，食育の環境の整備として，「ア　子どもが自らの感覚や体験を通して，自然の恵みとしての食材や食の循環・環境への意識，調理する人への感謝の気持ちが育つように子どもと調理員等との関わりや，調理室など食に関わる保育環境に配慮すること」や，「イ　保護者や地域の多様な関係者との連携及び協働の下で，食に関する取り組みが進められること。また，市町村の支援の下に，地域の関係機関等との日常的な連携を図り，必要な協力が得られるようにすること」，「ウ　体調不良，食物アレルギー，障害のある子どもなど，一人ひとりの子どもの心身の状態等に応じ，嘱託医，かかりつけ医等の指示や協力の下に適切に対応すること。栄養士が配置されている場合は，専門性を生かした対応を図ること」が挙げられている。

# SECTION 2　子どもの育つ喜びの共有と子どもの遊びの意義

　　🐰 episode　2-2　給食前にみんなで大合奏

　　初めて１歳児の担任をしている入職２年目の保育者Ａ。給食の時間，配膳の準備をしていると一人の男児が，手で机の上をたたき始めた。すると一人，二人と周りの子どもたちがトントントンとクラスみんなで真似を始めた。次に他の女児が足踏みを始めると，またみんなが真似をしてトントン！ドンドン！と大合奏が始まった。Ａはなかなか給食の配膳が進まず困ってしまった。

*　　　*　　　*　　　*　　　*

## ■1　子どもにとっての遊びとは

### （1）　遊びの捉え方の変遷

　　これまで遊びへの関心は，古く紀元前のプラトンやアリストテレスの時代まで遡るとされ，その後文化人類学，教育学，心理学など様々な立場から広く検討されている。しかしながら，遊びの種類や機能，動機は複雑多岐であり，単一の形式をとる行動ではないため，その捉え方については，統一した見解を示すことが困難な状況にある。

　　その中で，現在のような子どもの遊びが成長において重要視されるようになったのは，18世紀フランスの哲学者であり近代教育思想の礎を築いたとされるルソー（Rousseau, J. J, 1964）の著書『エミール』で新たな教育観が示されたことが大きい。この中でルソーは，従来の子どもを成熟者（大人）と比較して，単に未発達な者とみなすのではなく，大人と異なる独自な存在価値を有する存在であるという新しい子ども観を提唱している。特に子どもの時期は，自由な活動の中で目や耳，手など身体を通した感覚教育が大切で，子どもの時代を十分成熟させることが人間的成長への価値であると，子どもの体験的遊びの重要性を述べている。これ以降，子どもの遊びという現象の解明が多く試みられ，遊びは何もすることがない退屈さを解消するために刺激を求めて行うもの（青柳，1980）や，旺盛なエネルギーを遊びによって放出し調整するもの（Spencer, H, 1896），将来大人としての生活に適応するために本能を準備，練習させるためのもの（Groos, K, 1901）など様々な捉え方が示されている。

### （2）　遊びに内在する要素

　　子どもの遊びとそれ以外の行動を区別する際の視点は，①喜び，楽しみ，おもしろさを求める活動であるか，②自由で自発的な活動であるか，③その活動自体が目的であり，非実用的な活動であるか，④日常の現実経験に根差しながら日常性を離脱した活動であるか（清水，1983）の４点に整理される。子どもにとって遊びとは，何かの役に立つ，目的意識があるものではなく，純粋に快さや面白さを求め，内発的な動機づけによって自己の選択によって自由に展開されるものなのである。

### （3）　家庭支援における遊びの意義

　　子どもは遊びを通して主体的にモノや人に関わり，様々な側面が相互に関連づけなが

ら発達が促され，人間として成長していく。具体的には，①仲間関係の（社会性）の発達，②向社会的行動の発達，③自己抑制の発達，④役割取得能力の発達，規範意識，道徳性の発達，⑤象徴機能，想像力の発達などが期待されている。

　これらの子どもにとっての遊びの意義について，保育者は子育てを担う親に対し，年齢や発達段階に応じて発信していくことが求められる。現在，乳幼児と触れ合う機会がないまま親になる割合は増加し，母親・父親の子育ての悩みでは「子どもとの接し方について自信がもてない」が挙げられ，乳幼児にとって遊びとはどのようなものか，遊びを通してどう育つか理解が十分でない子育て家庭も多くみられる。そのような中，保育施設や保育者は，episode2-2のように一見大人からみると困った行動であっても子どもにとっては意味があり，何を感じ，おもしろがっているか経験の内容を丁寧に説明し，遊びを通して学ぶ意義に対する基本的な考えを共有していくことが大切である。

**2　遊びを通して育つ喜びを共有すること**
**（1）　子どもが遊ぶために必要な条件**

　遊びは，子どもが自ら選択して行う活動であるが，保育施設において子どもが遊びたいと思える状況としては，①食事，睡眠，排せつなど生理的欲求が満たされている，②子どもの安心感，情緒の安定，③保育者との信頼関係が必要とされる。特に年齢の低い乳児は，生理的欲求が満たされ，身近な大人である保育者と愛着関係を築き，安心感が得られることで初めて，周囲の環境やモノに興味を広げ探索活動を行うことが可能になる。そのため，保育者は子どもとの温かい関係性のもと，安心できる存在であることを基盤に，子どもが多様な経験から成長する喜びを味わいながら遊びを支える役割が求められる。

**（2）　保育者のまなざし**

　子どもが自らの興味・関心を広げ充実した遊びへと展開するためには，保育者の子どもに対する遊び行動の捉え方が大きな鍵となる。先の給食のepisode2-2から整理してみよう。
①　**保育者からみた視点** → 給食の準備をしたいのに，皆で騒ぎ始めて困った。
②　**子どもからみた視点** → 皆と一緒で楽しい，いろいろな音が合わさっておもしろい。
　このepisodeでは，Aの視点からみた子どもの姿の捉え方と，子どもの視点からみた思いに差異が生じている。保育者が子どもの行為をどう意味づけるかにより，子どもは遊んでいるつもりでも，信頼する大人から静止されると「してはいけないこと」と認識し，その後の遊びの意欲に影響を及ぼす可能性がある。そのため，子どもの遊びをより豊かにするためには，保育者が一人ひとりの子どもの行動の善悪を判断するのではなく，一つの表現として受け止め，何をおもしろがっているのか，何が楽しいのかと子どもの思いに寄り添い，見守るまなざしが求められる。

# SECTION 3 保護者及び地域が有する子育てを 自ら実践する力の向上に資する支援

■1 保護者の子育てする力を引き出す方法

🐰 episode 2-3 最終登園日の連絡帳

　　保護者：りす組も今日が最後の日ですね。この1年間は，Mの駄々を捏ねることにふり回され，親としても悩み続けました。忙しさにきちんと向き合ってあげられず，反省するばかりです。しかし，そんな中でうれしかったことは一緒に遊んでくれるお友だちができたことを知ったときでした。まだまだ，トラブルも多いと思いますが，毎日のように先生方の名前をいうMの姿から，先生方を慕っていることを毎日感じて安心して過ごすことができました。

　　保育者：1年間ご協力いただき，感謝しております。我慢せず自分の気持ちや感情を出せるのは子どもならではのことで，自我が芽生える時期ですね。自分の思いや欲求を主張し，受け止めてもらう経験を重ねることで，他者を受け入れることができ始めます。Mちゃんの成長を温かく見守っていきたいと思います。きっと優しい素敵なお姉さんに成長してくれることと思います。

*　　*　　*　　*　　*

## （1）　子どもを中心とした保育者-保護者間の信頼関係構築

　　保育所保育指針解説には，「子育て支援を行うにあたっては，子どもと保護者の関係，保護者同士の関係，子どもの保護者と地域の関係を把握し，それらの関係性を高めることが保護者の子育てや子どもの成長を支える大きな力になることを念頭において，はたらきかけることが大切である」と明記されている。episode 2-3にみられるように，連絡帳とは，保育者と保護者のコミュニケーションを促進しながら，子どもの成長の様子を記録するノートを指す。保育者は，記述内容によって，保護者の子育てする力を引き出すことをねらいとしている。さらに，保育者と保護者が連絡帳を活用しながら，相互に協力し合う関係を築き，子どもの成長・発達を支えていく。

　　保育者は，「我慢せず自分の気持ちや感情を出せるのは，子どもならではのことで，自我が芽生える時期ですね。自分の思いや欲求を主張し，受け止めてもらう経験を重ねることで，他者を受け入れることができ始めます」と応じ，この時期の発達の特徴を踏まえ，説明している。これらは子どもの思いを尊重して，その発達を温かく見守り支えている内容である。次に保護者は連絡帳を通して，「一緒に遊んでくれるお友だちができたことを知ったときが一番うれしかったこと」など，Mの成長を感じ，その喜びを記述している。一方，「まだまだ，気がつよくトラブルも多いと思いますが」と心配している。さらに，毎日，安心して過ごすことができたこと」を，保育者に対して労いの気持ちを伝えている。それに対して，保育者は，最後の文章に，Mへの愛情豊かに温かく見守っていくことと，「優しい素敵なお姉さんに成長してくれる」という今後の道筋を記述している。

　　episode 2-3にみられるように，保育者は，連絡帳の記述を通して，保護者の子育てへの意欲や自信を得られるように，子育てする力を引き出し，保護者と共に子どもの成長を喜び合うことができた。

## （2）　子どもの成長を共に喜び合える保育者−保護者間の信頼関係構築

　石川（2015）は，保育所と家庭との連携に関する研究では，家庭との連携というテーマでほぼ共通して出てきた言葉として「信頼関係の構築の大切さ」と「親が受け入れてくれるようになるまでに半年はかかる」ことを挙げている。このように，時間をかけて保護者との相互理解を図り，「保育者と保護者との信頼関係を構築」していくことが，やがては子どもの成長に繋がる。

　こうした信頼関係構築の方法として，連絡帳の他にも，多くの園では，「保育参加」が行われている。保育参加とは，子どもたちの様子を見るだけの保育参観とは異なり，保護者が実際に参加する機会を設定する。保護者が園での遊びに参加することで，子どもの遊びの世界に参加や言動を理解したり，専門性を有する保育者が子どもにきめ細かく関わる様子を見て，接し方への気づきを得たりする。保護者は，保育者が日常行っている子どもたちの活動の準備，進行，援助を体験することができ，一緒に保育を行うことができる。

　例えば，親子遠足や親子運動会などが挙げられる。また，子どもたちの心の成長を促すと共に，保護者との絆を深めることができ，子どもの成長を共に喜び合えることが可能となる。そして，子どもたちが園での生活を安心して過ごせるようにすることができる。さらに，保護者自身も，園での子育てや教育について理解を深め，家庭での子育てに役立てることができる。

### 2　地域の子育てする力を引き出す方法

episode　2-4　おむつはずしに悩む母親

　ある保育所の子育て広場に参加したひとり親家庭であるM（2歳児）の母親は「インターネットには，おむつがとれるのは一般的に2～3歳と書いてあるが，おしっこが出ても教えてくれない」と一人で悩んでいた。

　子育て広場で顔見知りになった保育者に，思い切って相談したところ「広場で，他の子たちがどんな風にしているか見たり，ママたちにどんなふうにしているか聞いたりしてみるといいのでは…」とアドバイスをもらった。悩みを聞いてもらえただけでも，とても気持ちが軽くなり，何とかなりそうな気がしてきた。

＊　　　＊　　　＊　　　＊　　　＊

　背景には，核家族の増加に伴い，育児を大家族のなかで支え，育児の伝承を伝え合う姿がみえなくなり，孤立した母親は，インターネットや本，雑誌などの育児情報だけが頼りとなっている。しかし，その情報には誤ったものあり，子育ての不安を増幅させることが多くなっているという現状がある。episode 2-4にみられるように，保育者の子どもたちへの排泄のトイレトレーニングでは，関わり方を学ぶことや保育者のアドバイスを基に，母親との関わりが変化して，喜びを感じ，意欲的に取り組む契機となる。

図2-1　おむつはずしとネット情報

## （1） 地域子育て支援

　保育園では，在園児とその家族への支援のほかに，地域の未就園の親子にも支援を行っている。保育所保育指針には，保育所の役割として，「保育所は，入所する子どもを保育すると共に，家庭や地域の様々な社会資源との連携を図りながら，入所する子どもの保育者に対する支援及び地域の子育て家庭に対する支援を行う」と規定されている。そして，配慮事項として，「イ　地域の子どもに対する一時預かり事業などの活動を行う際には，一人ひとりの子どもの心身の状態などを考慮すると共に，日常の保育との関連に配慮するなど，柔軟に活動を展開できるようにする」と示されている。

## （2） 園および設備の開放，体験保育

　1990年代より，保育所における地域子育て支援として，園庭開放や体験保育はしばしば行われてきた。園庭開放では，子どもが安全に遊べるように管理された環境に地域の人々が集まれる居場所づくりとしている。効果については，地域の親子が，交流したり，子育ての不安・悩みを相談したりすることができる。次に体験保育では，保育者の専門性を生かした活動の提供として，季節や年齢に合わせた手遊びや紙芝居，ペープサート，パネルシアターの実演の披露などを行ってい

図2-2　園庭設備の開放

る。また，園行事や活動を園の子どもたちと一緒に楽しむ機会を設けている。地域の親子にとっては，保育にふれる機会となり，家庭では経験できない集団生活を体験する貴重な機会となる。

　園庭開放や体験保育の実施にあたり，次の事柄に配慮する必要がある。まず，園庭開放に訪れる子どもの発達段階を把握したうえで，発達に合わせた人的・物的な環境構成や，子どもの昼食や午睡時間を考慮する必要がある。そして，子どもの最善の利益を根本に置き，保護者の受容，自己決定の尊重，個人情報の保護などを配慮する。また，地域に親しまれ，信頼される園になって，地域と共に子育て支援を考えていくという姿勢を示したい。また，地域の社会資源のそれぞれの役割や専門性を理解しておく必要がある。例えば，園の立地や広さ，現在の人材などを考慮して，園で取り組める内容を考える。その際には，各園の保育や教育の専門職の強みを活かして実施できることを検討する。

## （3） 地域子育て支援事業の取り組み

　子どもを取り巻く環境に様々な課題が山積し，社会全体で子どもを支えていく姿勢に重点がおかれている現在，在園している親子だけでなく，地域子育て支援の充実は，保育士のみならず，幼稚園教諭，保育教諭にも求められている。園における地域の子育て支援の目的は，「地域の親子の関わり」として，地域の子育てする保護者の孤立感や育児不安の解消とする。

地域子育て支援のなかでも，保育者が関わることの多い，一時預かり事業と地域子育て支援拠点事業について述べる。

　一時預かり事業は，主な実施場所として，地域子育て支援拠点がある。主な事業内容は，子どもを一時的に預かり，保護者のそれぞれの目的や利用方法に応じて利用される。対象は，園に通っていない就学前の子どもである。例えば，保護者が急病での入院，冠婚葬祭，突然の出張や急な用事がある場合，保護者自身のリフレッシュのための子どもの預かりなど，様々なニーズをもとにサービスを利用している。

　地域子育て支援拠点事業を実施するにあたって参考にできるのが，「地域子育て支援拠点ガイドライン」である。そこには，地域子育て支援拠点の支援者として，「① 温かく迎え入れる」，「② 身近な相談相手であること」，「③ 利用者同士をつなぐ」，「④ 利用者と地域をつなぐ」，「⑤ 支援者が積極的に地域に出向く」の5つの役割が明示されている。さらに，通常の保育以上に，心身の状態や家庭の状況に合わせての配慮事項などに留意しなければならない。

　その他，地域の子育てする力をひき出すために効果的な活動は，親子運動会や夏祭り，ベビーダンス，わらべ歌遊び，バルーン遊び，ボディペインティングなどがある。また，園にあるバルーン遊び，遊具を使ったサーキットは，ほかの親子の交流や遊び方を見て学び，さらに，親子が力を発揮できる場となるようにしたい。

### ３　保護者・地域をエンパワーメントする

　地域の中で，子育てをエンパワーメントするといった関わりは，子育ての孤立を予防し，虐待防止にもつながる。エンパワーメントしていくうえで，対象となる保護者の「強み」をひき出すように支援することが大切である。また，主体的に問題解決できるようにする視点をもつことで，生活意欲を高めることや自信をもつことにつながり，自らの権利や主体性に気づくことができるようになる。

　エンパワーメントについて，ソーシャルワーク実践の立場からの定義を紹介する。

　L. M. グディエーレス・R. J. パーソンズ・E. O. コックス（2000）は，「個人がそれぞれの生活状況を改善するための行動を起こすことができるよう個人的，対人的，政治的なパワーを強めていく過程である」と定義している。これらのことから，保育現場において，子どもを養育する保護者に対して，地域社会の関わりにより，保護者の養育する力をひき出し，子育ての力をつけていくことが悩んでいる当事者のエンパワーメントとなる。

　今後も子育て家庭を対象としたイベントや行事などを通し，関わりを増やすと共に，地域で互いに助け合う関係づくりの構築を大切にしていきたい。保育者が携わる子育て支援は，その後の家族・家庭，そして地域全体の姿を大きく変えていくといっても過言ではない。

# SECTION 4　保育者に求められる基本的態度

🐰〔episode〕 2-5　保護者の対応に苦慮する

　　2歳児担任の保育者 A。季節の変わり目になり，クラスだよりで保育所に置いてある着替えを入れ替えてもらうよう保護者に伝えていた。その後1か月が経過しても，M の母親は一向に着替えを持ってくる様子がなかった。困った A は，迎えにきた母親に「早く着替えを交換してください」と少し強い口調で話をすると，「わかっていますから」と不機嫌に返答されてしまった。心配になった A は，昨年 M の担任だった先輩保育者に相談すると，現在 M の家庭は，父親は単身赴任中，母親は体調不良により通院中，義母の介護をしていることを知り，母親の背景まで考えが及ばなかったことを反省した。

＊　　　＊　　　＊　　　＊　　　＊

**1**　保育所保育指針からみる保育者と保護者の協働とは

　　現在の子育てを取り巻く環境は，家庭や地域の養育力の低下，児童虐待，ひとり親家庭の増加，子どもが関係する犯罪，経済的困窮など深刻な課題が山積している。その中で，2008年告示保育所保育指針の改定において「保護者に対する支援」の章が新たに設けられ，保育所に求められる保護者を含めた家庭支援の役割が明確に位置づけられた。その後，2017年告示の保育所保育指針の改定においても，保育所の子育て支援の役割は，より一層重要性が増し，多様なニーズに対応すべく記載内容の充実が図られている。上記の episode 2-5 のように，保育者は保護者に対して一方的に要求をするのではなく，保護者の置かれている環境や着替えを持って来られない理由を丁寧に読みとり，先ずは母親の大変な状況を理解し，受容していくことが求められている。

## （1）　子育て支援に関する保育者の基本的態度

　　2017年告示保育所保育指針では，「ア　保護者に対する子育て支援を行う際には，(中略)保護者の気持ちを受け止め，相互の信頼関係を基本に，保護者の自己決定を尊重すること」，「イ　保育及び子育てに関する知識や技術など，保育士等の専門性や(中略)，保育所の特性を生かし，保護者が子どもの成長に気付き子育ての喜びを感じられるように努めること」が示されている。

## （2）　保育者として子育てを支える基本的な視点

### ①　保護者との信頼関係の構築

　　日常の子育ての不安や悩みを気軽に話ができる環境や状況をつくることが求められる。保育者がシフト制で勤務している場合，必ずしも保護者と毎日直接コミュニケーションがとれないこともあるが，連絡帳や連絡用アプリケーションなどを活用し，日常的に保護者との緊密な連携をとる機会を設けることができる。その際，プライバシーの保護や秘密の保持には十分留意し，保育者は相談事項に助言・指導する立場ではなく，カウンセリング・マインド（相手の視点に立って理解しようとする心構え）を基本に話に傾聴する姿勢が大切である。

② 保護者の主体性，自己決定の尊重

　保育者は援助の過程において，保護者が自己選択，決定できるよう支えていくことである。子育て支援を進めていくときに保護者の決定が最善の選択でない可能性もあるが，保育者が一方的な要求をするのではなく，そのような選択をせざるを得ない事情や背景を深く理解し，保護者の決定を尊重することが重要である。あくまでも子育ての主体は保護者であり，保育者は必要に応じて保護者が抱える課題の軽減や解消のために，行政や様々な専門機関との連携をとるソーシャルワークの役割を担うことが求められる。

③ 子どもの育ちを保護者と共に喜び合う

　現代の保護者は，子育てに関する過剰な情報が溢れるなかで，他者と比較をしたり，正解を求めることにより，自分の子育てに対する不安や自己嫌悪を抱くことも少なくない。子育てに関しては，子どもが0歳であれば，保護者も1年生であり，子育てに関わることで保護者自身が親として育っていくという視点が大切である。そのため保育者は，子どもの日々の変化や成長を保護者に伝え，喜びを共有することで，子育ては大変だけれど子どもの成長は，うれしいと実感できるよう支えていくことが必要である。子育て支援において保育者は，保護者の隣りで励ましながら，子どもの育ちを共に喜ぶ伴走者でありたい。

### 2 　保育現場で活用されるバイステックの7原則について

　現在の保育現場における子育てに対する支援では，保育現場と家庭だけではなく，市町村など地域の関係機関との連携，協働が不可欠であり，ソーシャルワークの視点から支援を行う重要性が指摘されている (厚生労働省，2018)。子ども及び子育て家庭が抱える問題は，要因が複雑であり，保育者は，保護者が置かれている状況を的確に把握し，必要に応じた援助を選択することが求められる。このような対人援助に関わる際は，バイステック (Biestek, 1957) により提唱された以下の7つの基本原則が重視されている。

表2-1　バイステックによる対人援助を行う際の7原則

| 1. 個別化 | クライエントを個人として捉える |
| --- | --- |
| 2. 意図的な感情の表出 | クライエント*の感情表現を大切にする |
| 3. 統制された情緒的関与 | 援助者は自分の感情を自覚して吟味する |
| 4. 受　容 | 受け止める |
| 5. 非審判的態度 | クライエントを一方的に非難しない |
| 6. 自己決定 | クライエントの自己決定を促して尊重する |
| 7. 秘密の保持 | 秘密を保持して尊重する |

＊ここでのクライエントは援助を必要とする人を指す。

　これらの原則は，保育者が保護者の子育てに対する支援の相談・助言を行う際にも共通する心構えとして捉えることができる。なかでも，保護者との関わりでは「2. 意図的な感情の表出」や「3. 統制された情緒的関与」について，配慮が求められる。

　「2. 意図的な感情の表出」は，保護者が，保育者には自由に感情を表出してもよいと思える雰囲気や環境をつくり，できる限り保護者の感情が表現できるよう，はたらきかけ

ることを指す。保護者は，感情の表出のしかたや程度は一様ではなく，保護者の中には表出している感情と真意が異なる場合もあるため，保育者は常に，保護者の深層の心理にも考えを及ばせながら，相談や日常の会話に耳を傾けることが必要である。また「3.統制された情緒の関与」では，援助者である保育者が，保護者があらゆる感情を表出したとしても共感的に受け止め，保育者自身の感情を自覚し，適切に対応していくことが求められる。保育者は常に，4の「受容」で保護者のあるがままを受け止めることを基盤に保護者のあらゆる感情に寄り添い，共にいるという姿勢が大切なのである。

### ■3 保育者の求められる発信と受信の力

#### （1） 保育者の発信する力

　近年，保育実践において，子どもの会話や行動などを写真や動画を用いて記録するドキュメンテーション，ポートフォリオ，ラーニングストーリーなどが多く活用されている。この視覚的に訴えかける資料は，日常の子どもの遊びや生活の姿を一目瞭然にどのような状況か映し出し，他者と情報を共有することが可能になる。

　これまでの保育・幼児教育では，保育者が一人ひとりの子どもの興味・関心の実態に応じた関わりや環境を構成する営みは暗示的に行われ，具体的な目的や過程については可視化されにくいとの課題がみられた。また保護者に対しても，日頃の保育の中で子どもがどのような事柄に興味をもっているのか，何をおもしろがっているのか，なぜ，それを楽しんでいるのか具体的な経験の質や内容など内面の読みとりについて，保育者として言葉による伝達や発信が十分ではなかった。

　そこで，写真や動画という媒体を用い，遊びや生活のなかの子どもの表情や動き，子どもの作品などを視覚的に記録することが可能になり，保育者は，そこでの子どもの行為の意味や心情を読みとることで子どもの体験世界と保育の目的を詳細に発信することが容易になった。

　今後は，保育者自身がICT（情報通信技術）を活用しながら，保育の営みを対外的に発信する力量の向上が期待される。

#### （2） 保育者の受信する力

　上述の通り，これからの保育者は，従来から保育実践において重視されてきた「心情・意欲・態度」という直接観察することが困難な子どもの内面性の育ちや保育の意図的な営みを言語化し発信する専門的力量が求められる。そのため，保育者自身が，実践での子どもとの関わりのなかで，大人とは異なる乳幼児期の子ども特有のものの見方，捉え方，考え方を十分理解し，子どもが生きる世界で敏感にアンテナを張り受信していく力量も必要になる。

## 4　子どもから見える保育者の姿

### （1）　保育者の資質向上

　　保育者の仕事は，保育技術や専門的知識を習得すれば，実践での子どもとの関わりが可能なのだろうか。保育所保育指針では，2008年改定時に「第7章　職員の資質向上」が新設され，保育士は職務内容に応じた専門性を有することに加え，高い倫理観に裏づけられた言動や自己研鑽等保育士自身の資質向上に努めるよう要請されるようになった。

　　このように保育者の自らの言動は，子どもの言動にも大きな影響を及ぼすことが指摘され，保育者自身の人間性が専門性の基盤をなることが示されている。したがって，常に保育者は，自らが子どもにとって重要な環境であるとの認識をもち，専門的知識や技能を有することはもちろん，自分自身の感性や価値観を見つめ直し，磨き続けることが求めれる。

### （2）　モデルとしての保育者

　　保育者は子どもにとって，親や祖父母など家族以外で初めて出会う最も身近な大人であり，モデルとなる存在である。保育現場では，しばしば一人でクラスの担任を受け持った際に「○○先生のクラスの子どもたちは，先生に似て○○ね」と，保育者自身の人間性や個性が，クラスの子どもの姿として映し出される表現をすることがある。子どもは，園生活の中で，保育者の言動や子どもとの関わりの姿をモデルに多くのことを習得していく。そこでは，日常の生活習慣はもちろん，物事に対する善悪の判断や道徳性，社会性など，保育者自身の価値観に大きく左右される事柄もモデリングの内容となるのである。

　　子どもは，保育者が意識せず繰り返す言動や態度を知らず知らずのうちに模倣し，取り込んでいくことが多くある。時に子どものしぐさや言葉かけの内容から，ハッとさせられ反省することもある。保育の実践では，保育者の姿勢が子どもを育てるといわれる。

　　例えば，クラスに特別な配慮が必要な子どもがいる場合，保育者がその子どもにどのような言葉かけをしているか，行事や活動の参加をどう援助しているかなど，保育者の関わりをクラスの他児が，目と耳で無意識に学習することになり，それがのちに多様な人々への態度や姿勢として形成されるのである。このような事柄を踏まえ，保育者は常に子どもから見られているという意識や自身の振る舞いの影響力を自覚し，自分の人間性を磨いていくことが，子どもと共に生きる者には肝要になるだろう。

# 3章　多様な家庭の状況に応じた支援

目標：本章では，「子ども家庭支援」の対象となる様々な配慮が必要な「家庭」の状況に応じた対応について学ぶ。障害のある子どものいる家庭，生活困難家庭，医療的ケア児のいる家庭，虐待家庭，ひとり親家庭，外国籍家庭などを例にして，地域の関係機関との連携や社会に求められている課題についても理解を深める。

## SECTION 1　障害のある子どものいる家庭への支援

**episode** 3-1　先生に背中を押されたMの母親

　　もうすぐ3歳になるMは担任保育者Aからみると，落ち着きなく走り回り発達が気になっている。母親と話をしてみると，母親も目が離せなくて困っていることがわかった。そこでAは3歳児健診のときに相談してみることを勧め，一緒に考えたいので結果を教えてほしいと伝えた。健診後，母親から「今度，Mの特徴を調べてもらうことになりました。苦手なことを練習するプログラムがあったり，親が参加するペアレント・プログラムもあるそうです。本当はずっとMのことが心配でしたが障害があったらどうしようと思うと怖くて相談できませんでした。先生から一緒に考えたいと背中を押してもらったおかげです」と報告があった。Aの助言が支援へとつながり，少し前向きになった母親の姿があった。

＊　　　＊　　　＊　　　＊　　　＊

**1**　障害のある子どものいる家庭とは

**（1）　子どもの障害を受け入れる困難**

　　親になる前，健康な子どもが生まれることを願ってわが子との対面を心待ちにする。出生後すぐに障害がわかることもあれば，episode 3-1のように子育てをしているうちに障害が明らかになる場合もある。どちらの場合も，障害の種別や診断の有無に関わらず，親が子どもの障害を受け止めるには様々な葛藤と困難がある。心の回復には長期的な時間を要するため，長期的にそのプロセスに寄り添う情緒的サポートが必要である。

**（2）　きょうだいへの配慮とはたらきかけ**

　　家族に対する支援において，忘れてはならないのが障害児のきょうだいの存在である。親は時間的にも心理的にも障害児のケアの負担が大きく，きょうだいが後回しになってしまうことがある。きょうだいは家庭で，また学校など環境の中で，障害児のきょうだいであることによる心理的負担を感じやすい。そのため，年齢以上に大人びて親の手伝いや障害児の世話をする，反対に親を困らせる行動が出現することもある。どちらも注目されたいという寂しさの裏返しの場合があり，きょうだいが年齢相応に子どもでいられる時間と場所が必要である。保育者は，①障害児のいる家庭でのきょうだいの役回りを理解し，②孤立感を抱えていないか，③必要以上に良い子になろうとしていないか，

きょうだいの心情にも配慮したい。親の期待の高さや不安の大きさから，きょうだいへの負担が高いと判断した場合は，親も障害受容のプロセスの途上にあることを念頭におきながら，①きょうだいに目が向くような声かけ，②親ときょうだいの関係をつなぐはたらきかけを心がけたい。日々子どもと家族に接する保育者が果たす役割は大きい。

## 2　障害のある子どものいる家族への対応

### （1）　市町村によるサポート体制

　市町村の役割は，身近な地域で早い段階から支援体制を整備することにある。母子保健法では乳幼児の発育・発達と支援の必要性の有無をスクリーニングの視点で行う乳幼児健康診査（乳幼児健診）があり，義務化されている1歳6か月児健診，3歳児健診と，市町村により3～4か月児健診，9～10か月児健診，5歳児健診などが実施されている。

　発育・発達が気になる場合は，子どものフォローアップと親支援として個別相談，親子教室などに参加し，さらに専門的な支援が必要な場合は，医療機関，療育施設，児童発達支援センターなどで，診断，関わり方の相談，療育を受けるなどの支援を受ける。

　2012（平成24）年に創設された児童発達支援センターは，地域の中核的な療育支援施設として，児童発達支援と児童の発達や障害に関する相談，集団・個別の療育，親支援，保育所等訪問支援の事業等を行う。

### （2）　保育所による支援

　保育所保育指針による障害のある子どもへの支援は，①障害のある子どもの保育については，一人ひとりの子どもの発達過程や障害の状態を把握し，適切な環境の下で，障害のある子どもが他の子どもとの生活を通して共に成長できるよう，指導計画の中に位置づけること，②子どもの状況に応じた保育を実施する観点から，家庭や関係機関と連携した支援のための計画を個別に作成するなど適切な対応を図ることが示されている。

　保育園による家庭支援とは，障害児保育に関する知識や技能をもった専門職として，子ども一人ひとりの個性や違いを理解し，必要な配慮の下での保育と，保護者の気持ちに寄り添った相談，支援を行うことである。保育園への障害児の入所は増加傾向にあり，保育園に入所した後に障害が明らかになることも少なくない。保育者の気づきが障害児の早期発見，早期療育につながるため，保育者の役割は重要である。しかし，先に述べた通り，親が子どもの障害を受け入れることは容易でなく時間を要する。親の心情に十分に配慮しながら話を聴く傾聴のスキル，療育機関や医療など必要な専門機関につなげるソーシャルワークのスキルが必要である。さらにこれらの支援を保育園全体で担う体制づくりが欠かせない。

### （3）　発達障害児の親支援

　発達が気になる子どもや発達障害のある子どもは，育てにくい場合も多く，健常児の親と子育ての悩みを共有できずに孤立することがある。親の仲間づくりとしてペアレン

ト・メンター事業と，子育てのスキルの向上にペアレント・トレーニング，ペアレント・プログラムがある。

① ペアレント・メンター事業

　ペアレント・メンター事業は，2010年より「発達障害者支援体制整備事業」として位置づけられ，発達障害の子どもを育てたことのある親が，地域で同じ悩みを抱える親に対して，共感的なサポートを行う事業である。メンターとは「信頼のおける仲間」という意味で，地域で実施している養成研修を受講した後に活動を開始する。円滑にメンター活動が行われるようペアレントメンター・コーディネーターが窓口になって調整を行う。メンターは，親の気持ちに寄り添って話を聴き，自身の子育ての経験や地域の情報を伝える。「気持ちが少し整理できた」，「先輩の話を聞いて今後のイメージができた」，「ひとりではないことがわかった」など，メンターとの出会いにより，親の孤立感が軽減し，気持ちが前向きになる効果がある。

② ペアレント・トレーニング

　ペアレント・トレーニングは，親を対象に，行動理論の技法の学習を基本として，子どもの発達促進や不適切な行動の改善を目標に，子どもの行動に直接介入する養育スキルの習得を目指す。専門家，またはトレーニングの内容を熟知して保護者に適切なフィードバックができる者がファシリテーターを務め，5～10回程度で実施する。ペアレント・プログラムは，子どもの行動改善までは目指さず，地域の保育士や保健師などによる6回程度での実施を想定している。ペアレント・トレーニング，ペアレント・プログラム共親が子どもの行動を肯定的に捉えるという点は共通しており，親の肯定的なはたらきかけにより子どもの望ましい行動が増えることが実証されている。

　東京都小平市の児童発達支援センターで実施しているペアレント・プログラムは，親と保育者や学校関係者などの支援者が同じプログラムに参加して一緒にペアワークやグループディスカッションを行う。親と支援者が同じグループでふり返りとホームワークの共有を行う際，ペアレント・メンターがファシリテーターとなって親と支援者をつなぐことで相互理解が深まり仲間意識が芽生える効果がある。さらにプログラム終了後もフォローが必要な親に対してはペアレント・メンターがファシリテーターとなる茶話会に誘う，個別に傾聴する時間を設けるなどして親をコミュニティの仲間として受け入れて支援する（図3-1）。

図3-1　ペアレント・プログラムとペアレント・メンターの茶話会の様子

## 3 利用できるサービス

　2012年（平成24）児童福祉法の改正により，各障害別に分かれていた事業が通所支援として，「児童発達支援」，「医療型児童発達支援」，「放課後等デイサービス」，「保育所等訪問支援」，入所支援として「福祉型障害児入所施設」，「医療型障害児入所施設」に一元化された。そのほか，相談支援として「計画相談支援」，「障害児相談支援」があり，サービス利用に係る申請受付，事業者等との連携調整，利用計画案の作成を行う（表3-1）。

表3-1　障害児が利用可能な支援の体系

| | | | サービス名 | 内　　容 |
|---|---|---|---|---|
| 障害者総合支援法 | 訪問系 | | 居宅介護（ホームヘルプ） | 自宅で，入浴，排せつ，食事の介護等を行う |
| | | | 同行援護 | 重度の視覚障害のある人が外出する時，必要な情報提供や介護を行う |
| | | | 行動援護 | 自己判断能力が制限されている人が行動するときに，危険を回避するために必要な支援，外出支援を行う |
| | | | 重度障害者等包括支援 | 介護の必要性がとても高い人に，居宅介護等複数のサービスを包括的に行う |
| | 日中活動系 | | 短期入所（ショートステイ） | 自宅で介護する人が病気の場合などに，短期間，夜間も含め施設で，入浴，排せつ，食事の介護等を行う |
| 児童福祉法 | 障害児通所系 | | 児童発達支援 | 日常生活における基本的な動作の指導，知識技能の付与，集団生活への適応訓練などの支援を行う。 |
| | | | 医療型児童発達支援 | 日常生活における基本的な動作の指導，知識技能の付与，集団生活への適応訓練などの支援及び治療を行う。 |
| | | | 放課後等デイサービス | 授業の終了後または休校日に，児童発達支援センター等の施設に通わせ，生活能力向上のための必要な訓練，社会との交流促進などの支援を行う |
| | | | 保育所等訪問支援 | 保育所等を訪問し，障害児に対して，障害児以外の児童との集団生活への適応のための専門的な支援などを行う。 |
| | 障害児入所系 | | 福祉型障害児入所施設 | 施設に入所している障害児に対して，保護，日常生活の指導及び知識技能の付与を行う。 |
| | | | 医療型障害児入所施設 | 施設に入所または指定医療機関に入院している障害児に対して，保護，日常生活の指導及び知識技能の付与並びに治療を行う。 |
| 支援法 | 相談支援系 | | 計画相談支援 | 【サービス利用支援】・サービス申請に係る支給決定前にサービス等利用計画案を作成・支給決定後，事業者等と連絡調整等を行い，サービス等利用計画を作成<br>【継続利用支援】・サービス等の利用状況等の検証（モニタリング）・事業所等と連絡調整，必要に応じて新たな支給決定等に係る申請の勧奨 |
| 児福法 | | | 障害児相談支援 | 【障害児利用援助】・障害児通所支援の申請に係る給付決定の前に利用計画案を作成・給付決定後，事業者等と連絡調整等を行うとともに利用計画を作成<br>【継続障害児支援利用援助】 |

出典：厚生労働省

## 4 園と関係機関との連携

　障害のある子どもは，診断，言語療法，作業療法，理学療法の療育など特性に応じた支援，保護者の心身の負担を軽減するための心理支援，預かりのサービスを利用するなど，様々な専門職，関係機関が関わっている場合が多い。日頃から子どもに関わる専門職の専門性と関係機関の業務内容を理解し，関係機関と連携して親子を支援するネットワークを構築することが必要である。

# SECTION 2　子どものいる生活困窮家庭への支援

**1**　現代における生活困窮問題の特徴

🐰 episode　3-2　身近な生活困窮問題

　　A（33歳，女性）は，夫（38歳）と長男（5歳），長女（3歳）の4人家族。夫婦で飲食店を6年間経営してきたが，コロナ禍で半年前に閉店。夫はフードデリバリーのアルバイトをしながら就職先を探し，Aは近所の工場でパートの仕事をすることにした。

　　1か月前，夫が配達中に交通事故に遭った。幸い軽傷であったが，事故以来ふさぎ込むことが多くなり，いまはアルバイトを休んでいる。店のローン返済金，アパートの家賃，水光熱費，スマートフォン代を払うと，いくらも残らない。食費を切り詰める毎日で，春から小学校に通うのを楽しみにしている長男のランドセルや学用品は，まだ用意できていない。

　　担任保育者は，このところ慌ただしく送り迎えをしていて余裕がなさそうなAのことが少し気になっている。

　　　　　　　＊　　　　　＊　　　　　＊　　　　　＊　　　　　＊

## （1）　複合化，深刻化する生活困窮問題

　　episode3-2のAさん家族のように，現代社会に生きる私たちの生活は，ある日突然，何かの拍子で暗転して，坂道をころがり落ちるようにして困窮していく可能性がある。このような"事態"に陥る要因は，次のように，大きく2つに分けて考えることができる。

①　**個人や家族の状況**　失業・離職，借金，事故，病気・けが，障害，加齢，離婚・死別，虐待，介護，孤立など。

②　**社会の状況**　制度・政策，社会構造，物価高・不況，災害，パンデミック，戦争など。

　　これらはどれも単独で存在するのではなく，複数の要因が相互作用し，複雑に絡み合っているので，個人の努力だけで解決することは難しい。ひとたびその対応を誤ると一気に深刻化する危険性をはらんでいる。

　　平成の30年間で，表3-2のように社会の様相が一変した。

1990年代初頭にバブル経済が破綻すると，景気が急速に後退し，「失われた10年」と称される長期の不況期に入る。大手金融機関の統廃合や大企業の倒産が相次いだ。

　　さらに，1990年代後半に行われた2度の労働者派遣法の改正により雇用の規制緩和が進み，派遣労働を含む非正規雇用労働者数が大幅に増えた。また，2008（平成20）年の1億2,808万人をピークとして，わが国は人口減少局面に至った。

　　この間，世帯規模が縮小し，家族のあり方も多様化した。情報通信技術が発達する一方で，地域における身近なつながりや支え合いは希薄化し，社会的孤立が課題として認識されるようになった。

　　私たち一人ひとりが抱えている生活上の問題は，ますます複合化，深刻化していき，今般の新型コロナウイルス感染症の感染拡大も，その傾向に拍車をかけることになった。

表3-2　平成30年間の社会の変容

| 平成元(1989)年 | | 令和元(2019)年 |
|---|---|---|
| 1,489万人<br>(12.1%) | 65歳以上人口<br>(総人口比) | 3,589万人<br>(28.4%) |
| 125万人/1.57 | 出生数/合計特殊出生率 | 87万人/1.36 |
| 2.99人　※1993年 | 平均世帯人員 | 2.33人　※2015年 |
| 439万世帯<br>(40.7%) | 三世代世帯数<br>(65歳以上の人のいる世帯総数比) | 240万世帯<br>(9.4%) |
| 6,128万人 | 就業者数 | 6,724万人 |
| 40.6% | 女性(30〜34歳)の就業率 | 75.4% |
| 783万世帯<br>(42.3%) | 共働き世帯数<br>(男性雇用者世帯に占める割合) | 1,245万世帯<br>(66.2%) |
| 817万人<br>(19.1%) | 非正規雇用労働者数<br>(割合) | 2,165万人<br>(38.3%) |
| 37.7% | 生活意識<br>「大変苦しい」「やや苦しい」の合計 | 54.4% |
| 0% | スマートフォン保有世帯割合 | 79.2%　※2018年 |

出典：令和2年版厚生労働白書「平成30年間の変化と今後の見通し」から一部抜粋(筆者作成)

## （2）　絶対的貧困と相対的貧困

　生存に必要な衣食住が満たされていない状態のことを「絶対的貧困」という。貧困と聞くと，多くの人は，まずこれをイメージするであろう。

　それに対して，その社会の平均的な生活水準と比べて世帯収入が著しく低く，標準的な生活を送ることができない状態を「相対的貧困」という。

　相対的貧困率は，各家庭における所得の中央値の50％を「貧困線」とし，それを下回る所得しか得ていない人の割合を算出したものである。2019年の国民生活基礎調査によると，貧困線は124万円（1人世帯の場合），相対的貧困率は，15.4％。つまり，約6人に1人が相対的貧困状態に該当している。

　子どもの貧困率も，その子が属する世帯の所得をもとに計算され，17歳以下の子ども全体に占める割合は，13.5％となっている。わが国の子どもの約7人に1人が相対的貧困状態であるということであり，これは国際的に高い水準である。特にひとり親世帯の子どもの貧困率は48.1％と非常に高くなっている。

## （3）　生活困窮問題の潜在化 "見えない貧困"

　episode3-2のAさん世帯も相対的貧困状態にあるといってもよい。2008(平成20)年のリーマンショックを契機に貧困が可視化したといわれるが，隣の人が抱えている生活困窮の問題は，いまなお見えにくい。

　一見，不自由なく暮らしているように見えていても，実はかなり生活が困窮していて，必要な物やサービスを手にすることができず，生きづらさを感じていたり，健康を害していたりする人がいる。その事実に私たちは十分気づけていない。

　生活保護基準以下の世帯で，実際に生活保護を受給している世帯数の割合は，2〜3

割にとどまっている。日本国憲法には，生存権保障が規定されているが，捕捉率は低いのが現状である。その原因として，制度運用上の問題，もしくは制度自体の問題も考えられるが，制度利用がスティグマになり，利用者に社会的恥辱感をもたらすという点も大きい。

　スティグマによって，生活困窮を抱えた人がその窮状を自ら訴えなかった場合，その人の社会的孤立はさらに深まり，生活困窮問題は潜在化する。そして，それが顕在化した時にはかなり深刻な状態になっているのである。

　　＊スティグマ：日本語の「差別」や「偏見」にあたる。具体的には精神疾患のような個人的な特徴に対して，
　　　周囲に否定的な意味づけをされ，不当な扱いを受けること。


## （4）　生活困窮問題が子どもにおよぼす影響

　内閣府が全国の中学2年生およびその保護者を対象に，その生活・行動実態を調査した「令和2年度 子供の生活状況調査」は，保護者世代の生活困窮が子どもの生活に大きな影響を与えていることを明らかにしている（表3-3）。

　この報告書では，保護者から回答のあった世帯収入から，等価世帯収入の中央値を317.54万円と算出し，その半分の158.77万円未満の世帯を「貧困層」，158.77万円以上中央値未満の世帯を「準貧困層」，さらに中央値以上の収入がある層を「その他層」と3層に分けた分析を行っている。

　本調査でいう「逆境体験」とは，「一緒に住んでいる大人から，悪口を言い立てられる，けなされる，恥をかかされる，または，身体を傷つけられる危険を感じるようなふるま

表3-3　「令和2年度 子供の生活状況調査」の調査結果

| 対象 | 等価世帯収入による分類 | 貧困層 | 準貧困層 | その他層（中央値以上の収入がある層） |
|---|---|---|---|---|
| | 全世帯に占める割合 | 12.9% | 36.9% | 50.2% |
| 保護者 | 食料が買えないことが「あった」 | 37.7% | 15.0% | 1.9% |
| | 衣服が買えないことが「あった」 | 45.8% | 23.0% | 4.2% |
| | 電気・ガス・水道料金のいずれか未払いになったことが「あった」 | 20.7% | 7.1% | 0.9% |
| | 子供の進学段階に関する希望・展望「高校まで」 | 37.5% | 20.8% | 7.8% |
| | 高校までと考える理由「家庭の経済的な状況」 | 44.4% | 32.2% | 12.9% |
| | 子育てに関する相談について「頼れる人がいる」 | 89.9% | 92.5% | 94.1% |
| | いざという時のお金の援助を「頼れる人がいる」 | 58.9% | 66.1% | 70.3% |
| 子ども | 部活動等に「参加していない」 | 23.8% | 13.7% | 12.4% |
| | 部活動等に参加していない理由「費用がかかる」 | 19.2% | 9.4% | 5.0% |
| | 部活動等に参加していない理由「家の事情（家族の世話，家事等）がある」 | 9.0% | 3.1% | 2.5% |
| | 学校の授業以外で「勉強はしない」 | 12.3% | 5.8% | 2.6% |
| | 学校の授業以外で「塾で勉強する」 | 28.7% | 42.8% | 56.4% |
| | 逆境体験に「1～2個当てはまる」 | 44.8% | 19.9% | 12.6% |

出典：内閣府「令和3年 子供の生活状況調査の分析報告書」から一部抜粋（筆者作成）

いをされること」，「家族のだれからも愛されていない，大切にされていない，支えても
らえていないと感じること」，「必要な食事や衣服を与えられなかったり，自分を守って
くれる人はだれもいないと感じること」などである。

　相対的貧困状態にある中学2年生が日常的にこのような体験を強いられているとした
ら，もはやその家庭は安心して生活できる場所ではない。生活困窮イコール虐待では決
してないが，生活困窮は虐待につながる危険性があることを認識しておくべきである。

　この調査結果からは，相対的貧困状態にある家族の次のような姿が見えてくる。
・非常に切迫した家計のもとで，多感な時期の子どもを育てている保護者
・家庭の経済的な状況により，部活動の参加や大学の進学をあきらめる子ども
・家族の世話や家事に追われて，思うように自分のことができない子ども
・家庭が安心できる居場所となっていない子ども
・周囲の人に頼らない，頼れない保護者と子ども

　「貧困の連鎖」という言葉が示すように，子どもの貧困は，保護者の貧困の＜結果＞
であり，それは同時に，次の世代の貧困の＜原因＞になる。子どもの生活困窮問題に対
して，“いま”“ここで”，何かしらの手立てを講じなければならない理由はそこにある。

## （5）　子ども生活困窮問題の捉え方

　家計が逼迫すると，そこに生きる子どもは，一般家庭の子どもが享受している物や
サービスが手に入らない。そして，発達期に必要な様々な体験や教育の機会が奪われる
ことにより，自己肯定感や人や社会への信頼感，ソーシャルスキルを十分に獲得できな
いまま，大人になっていくしかない。

　しかも，子どもは自分の生活が困窮しているという認識をもてなかったり，認識した
としてもそれを表明する手段を持ち合わせていなかったりする場合が多いので，問題は
発見されにくい。

　「家計」と「体験・教育の機会」，「人
とのつながり」は，相互作用している。
経済的困窮と社会的孤立は連動してお
り，問題は解決しないまま次の世代に
持ち越されていく（図3-2）。

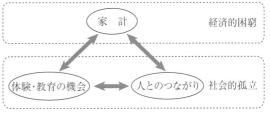

図3-2　子どもを取り巻く生活困窮の関連（筆者作成）

## （6）　子どもの貧困対策

　「子どもの将来がその生まれ育った環境によって左右されることのないようにする」
ことを目的に「子どもの貧困対策の推進に関する法律」が2013年（平成25年）成立した。
この目的条文は，2019（令和元）年の改正により「子どもの現在及び将来」と改められ，
「子どもの将来」のためには，「子どもの現在」に対する取り組みが必要であることが強
調された。

　これを受けて，同年，新たな「子供の貧困対策に関する大綱」が閣議決定され，①教

育の支援（奨学金の充実等），②生活の支援（相談体制，居場所づくり，児童養護施設退所者支援），③保護者の就労支援，④経済的支援（ひとり親家庭の支援）という4つの重点施策が打ち出された。

## 2 子どものいる生活困窮家庭に対する支援

次に子どもがいる生活困窮家庭への支援には，どのようなものがあるか考えてみよう。保育者として，相談をつなぐ支援を学ぶことの意義は大きい。

### （1）地域の相談支援機関

近年，国や地方公共団体は，複合化した生活課題を抱える人に対して，地域においてワンストップで相談を受けつけ，必要に応じて他の支援機関につなげる包括的な寄り添い型の支援体制を整備している。

その先駆けとなったのは，平成27年（2015年）度に施行された生活困窮者自立支援法である。生活保護制度が「最後のセーフティネット」であるのに対して，この生活困窮者自立支援制度は，生活保護に至る前の段階から予防的に支援を行う「第2のセーフ

表3-4　生活困窮者自立支援法に基づく事業

| 生活に困りごとや不安を抱えている場合は | （1）自立相談支援事業 | まずは地域の相談窓口にご相談ください。支援員が相談を受けて，どのような支援が必要かを相談者と一緒に考え，具体的な支援プランを作成し，寄り添いながら自立に向けた支援を行います。 |
|---|---|---|
| 離職などにより住居を失った方，または失うおそれの高い方には | （2）住居確保給付金の支給 | 就職に向けた活動をするなどを条件に，一定期間，家賃相当額を支給します。生活の土台となる住居を整えたうえで，就職に向けた支援を行います。 |
| 「社会との関わりに不安がある」，「他の人とコミュニケーションがうまくとれない」など，直ちに就労が困難な方に | （3）就労準備支援事業 | 6か月から1年の間，プログラムに沿って，一般就労に向けた基礎能力を養いながら就労に向けた支援や就労機会の提供を行います。 |
| 直ちに一般就労することが難しい方のために | （4）就労訓練事業 | その方に合った作業機会を提供しながら，個別の就労支援プログラムに基づき，一般就労に向けた支援を中・長期的に実施する，就労訓練事業（いわゆる「中間的就労」）もあります。 |
| 家計の改善が必要な方に対して | （5）家計改善支援事業 | 家計状況の「見える化」と根本的な課題を把握し，相談者が自ら家計を管理できるように，状況に応じた支援計画の作成，相談支援，関係機関へのつなぎ，必要に応じて貸付のあっせんなどを行い，早期の生活再生を支援します。 |
| 生活困窮世帯の子ども・保護者に対して | （6）生活困窮世帯の子どもの学習・生活支援事業 | 子どもの学習支援をはじめ，日常的な生活習慣，仲間と出会い活動ができる居場所づくり，進学に関する支援，高校進学者の中退防止に関する支援等，子どもと保護者の双方に必要な支援を行います。 |
| 住居をもたない方，またはネットカフェなどの不安定な住居形態にある方に | （7）一時生活支援事業 | 一定期間，宿泊場所や衣食を提供します。退所後の生活に向けて，就労支援などの自立支援も行います。 |

出典：厚生労働省ホームページから抜粋（筆者作成）

ティネット」という位置づけになる。「就労の状況，心身の状況，地域社会との関係性その他の事情により，現に経済的に困窮し，最低限度の生活を維持することができなくなるおそれのある」人を対象に，表3-4のような生活状況に応じた支援を行う各事業が規定されている。

　各事業の案内は，(1)の自立相談支援事業を行っている地域の相談窓口である。この窓口は「生活自立相談センター」，「自立生活支援センター」，「くらしサポートセンター」など，自治体によってその名称は様々であるが，市区町村が直営，もしくは市区町村が社会福祉協議会(社協)に委託している場合が多い。

　社協とは，地域のネットワークを活用して誰もが安心して暮らせるまちづくりを進める民間の社会福祉団体である。様々な地域福祉事業を実施しているが，低所得者世帯等に対して，低利，または無利子での資金の貸しつけを行う「生活福祉資金貸付制度」の窓口には，コロナ禍で顕在化した新たな相談が多数寄せられており，生活困窮者自立支援制度の各事業との連携による解決が期待されている。

　子どものいる生活困窮家庭に対する支援では，特に(6)の生活困窮世帯の子どもの学習・生活支援事業に着目したい。この事業は，学習支援，居場所づくり，日常生活支援等の子どもへの支援を通じて，その親への養育支援へ展開することによって，貧困の連鎖を止める目的がある。よって，生活困窮世帯のみならず，生活保護受給世帯の子どもまで対象にしており，福祉事務所，児童相談所，児童家庭支援センター，民生児童委員，学校等の地域の様々な機関，また子ども食堂やフードパントリーなどと連携し，包括的な支援を行っている。

　さらに，制度要件に必ずしも縛られない，柔軟な支援を行う民間の子ども・子育て支援団体が地域には多く存在しており，相談機能も充実している。

## （2）　保育者に求められる支援

　「子供の貧困対策に関する大綱」の目的には，「子育てや貧困を家庭のみの責任とするのではなく，地域や社会全体で課題を解決するという意識を強く持ち，子供のことを第一に考えた適切な支援を包括的かつ早期に講じていく必要がある」とあり，地域の関係機関や社会資源が緊密な連携を図って，社会全体で解決していくことを強調している。

　保育者も，もちろんその連携システムの一員である。普段から地域の関係機関や社会資源と協働して，子どもや保護者からSOSが発せられたら，的確に相談窓口につないでいけるようにしたい。また，SOSが発せられていない段階でも，早期にニーズをキャッチし，予防的に関わることが必要であろう。子どもやその保護者の"隣る人"の一人として，その不安や悩みに寄り添うことによって，それは可能になる。

# SECTION 3　医療的ケア児のいる家庭への支援

　　　episode　　3-3　初めて医療的ケア児の受け入れを経験する保育者

　医療的ケア児を育てている保護者が，市の医療的ケア児等コーディネーターを伴って，Y保育園へ見学にくることになった。3歳児のMは，呼吸器疾患のため気管切開（器官カニューレを挿入）して人工鼻を利用しており，吸引カテーテルでたんや唾液を取り除く喀痰吸引を日常的に必要としている子どもである。

　担当の保育者は，それまで医療的ケア児を受け入れた経験がなく，Mが園で安全に過ごすことができるのか不安でいっぱいである。保護者や主治医ともよく相談し，Mが様々な経験をし，楽しく生活できるよう，月1回，看護師・担任保育士・加配保育士（支援の必要な子どもの援助をする保育士）・主任保育士・園長でミーティングを行いながら進めていくこととなった。

　　　　　＊　　　　＊　　　　＊　　　　＊　　　　＊

## 1　医療的ケア児の社会的背景

### （1）　医療的ケア児の在宅移行

　医学の進歩と共に，難病や障害で日常的に医療的なケアが必要な子どもは増え続けている。2008年に東京都立墨東病院で起きた妊婦死亡事件をきっかけに，それまで周産期医療センターや小児病棟に長期入院していた子どもが在宅へ移行し始めた。緊急対応が必要な妊婦や新生児の病院受入拒否が起きたのは，長期入院により新生児病床が占有されていることが一因であるとし，遺族側が行政や医療者に対してこの問題の改善を強く訴えた報道が注目を集めたのである。退院後の在宅医療や福祉サービスがほとんど得られないまま，家族が余儀なく濃厚で高度な医療的ケアを担わざるを得ない状況が続き，緊張の毎日を送る家族に，体力的・精神的・経済的な負担が重くのしかかっていった。

### （2）　児童福祉法による規定

児童福祉法　第56条の6第2項

---

　地方公共団体は，人工呼吸器を装着している障害児その他の日常生活を営むために医療を要する状態にある障害児が，その心身の状況に応じた適切な保健，医療，福祉その他の各関連分野の支援を受けられるよう，保健，医療，福祉その他の各関連分野の支援を行う機関との連絡調整を行うための体制の整備に関し，必要な措置を講ずるように努めなければならない。

---

　2016年の児童福祉法一部改正で，ようやく医療的ケア児が支援の必要な障害児として位置づけられ，支援体制の整備は地方公共団体の責務であると明記された。しかし，相変わらず利用できる社会資源やサービスはきわめて少なく，保護者や関係者の個人的な努力と熱意によって，一部の子どもたちだけがわずかな機会を得るに留まった。努力義務だけでは限界があり，地方自治体を動かすには根拠となる法律が必要であった。

### （3）　医療的ケア児及びその家族に対する支援に関する法律の制定

　2021年6月に議員立法の形で「医療的ケア児及びその家族に対する支援に関する法律

（通称：医療的ケア児支援法）」が国会で成立し，同年9月に施行された。医療的ケア児の日常生活や社会生活を社会全体で支援し，居住地域にかかわらず等しく適切な支援を受けられることを基本理念に位置づけている。国や地方公共団体に支援の責務があると明記したうえで，保育所や学校の設置者に対し，ケアができる看護師や保育士などを配置することや，家族からの相談に応じるための支援センターを各都道府県に設置することなどを求めている。

　法律はできたが，社会的認知は十分とはいえず，専門職や自治体の職員でも実態を十分に把握できていない場合もある。地域格差が大きいのが現状であり，今後さらに社会資源を整備し，医療的ケア児一人ひとりの状況に応じた支援を提供していくことが求められている。

## 2　医療的ケア児とは

### （1）　医療的ケア児という用語

　医療的ケア児とは，医学の進歩を背景として，NICU（Neonatal Intensive Care Unit：新生児集中治療室）などに長期入院した後，引き続き人工呼吸器や胃ろうなどを使用し，喀痰吸引や経管栄養などの医療的ケアが日常的に必要な障害児のことである。1990年代より特別支援学校で使われ始め，教育現場から広がった。2011年には，社会福祉士及び介護福祉士法の一部改正に伴い，一定の研修を修了し，たんの吸引等の業務の登録認定を受けた介護職員等が，一定の条件の下に特定の医療的ケアを実施できるようになった。この制度改正後，医療的ケア児が2016年に児童福祉法に明記されて，ようやく支援の対象として認知されるようになった社会的背景は，前項に述べた通りである。2022年現在，在宅の医療的ケア児（0～19歳）は2万人を超え，そのうち約2割が人工呼吸器を装着していると推計されている。

### （2）　「医療的ケア児及びその家族に対する支援に関する法律」による規定

　「医療的ケア児及びその家族に対する支援に関する法律」第2条に，医療的ケア児とは「日常生活及び社会生活を営むために恒常的に医療的ケア（人工呼吸器による呼吸管理，喀痰吸引その他の医療行為）を受けることが不可欠である児童（18歳以上の高校生等を含む。）」と規定されている。「その他の医療行為」には，気管切開の管理，鼻咽頭エアウェイの管理，酸素療法，ネブライザーの管理，経管栄養，中心静脈カテーテルの管理，皮下注射，血糖測定，継続的な透析，導尿など多岐にわたる。

## 3　医療的ケア児に対する支援

### （1）　医療的ケア児のいる家庭の現状と保育ニーズ

　在宅で暮らす20歳未満の医療的ケア児者の家族を対象として「医療的ケア児者とその家族の生活実態調査（2020年度）」が行われ，一般的な家庭では当たり前にできることが当たり前のこととしてできていない実態が示された。図3-3に示すように，「慢性的な

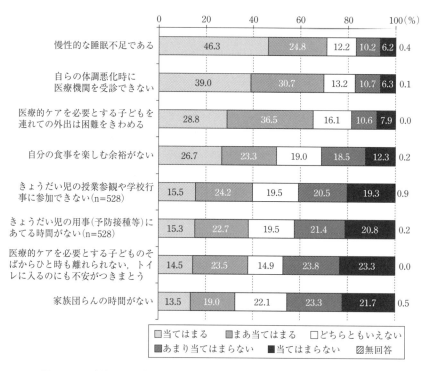

図3-3　医療的ケア児者とその家族の日々の生活上の課題，困りごと(n＝843)

出典：三菱 UFJ リサーチ＆コンサルティング(厚生労働省　令和元年度障害者総合福祉推進事業)，
「医療的ケア児者とその家族の生活実態調査報告書」(2020)

睡眠不足である」，「自らの体調悪化時に医療機関を受診できない」，「医療的ケアを必要
とする子どもを連れての外出は困難をきわめる」は，回答者の6割以上が「当てはまる」，
「まあ当てはまる」と回答している。きょうだい児の厳しい状況も明らかになった。

　医療的ケア児を家庭以外の場所で保育することは，不安と孤独の中で疲労困憊しなが
ら必死にケアを続ける家族，とりわけ母親への荷重な負担を減らし，社会参加を可能に
するなど，大きな意義をもつ。子どもにとっても，家庭内から同年齢の子どもや保育者
との新たな人間関係の広がりを経験することで，心身共に発達していく大切なチャンス
となる。普段寂しい思いをしているきょうだい児にとっても，両親が介護から離れて一
緒に過ごす時間は貴重である。医療的ケア児とその家族にとって，家庭以外の場での保
育ニーズは他の家庭以上に高く，なくてはならない時間と捉える必要がある。命に関わ
る重篤なケアのため，容易に実現できないことも多いが，医療機関を初め多様な関連機
関や専門職と連携しながら支援を模索していくことが重要である。

### （2）　保育者が行うことができる医療的ケア

　保育者も，特定の医療的ケアについて，法律に基づいて実施することが可能である。
喀痰吸引等研修において一定の研修を受け，認定証の交付を受けて認定特定行為業務従
事者となると，①口腔内の喀痰吸引，②鼻腔内の喀痰吸引，③気管カニューレ内の喀痰
吸引，④胃ろうまたは腸ろうによる経管栄養，⑤経鼻経管栄養，の5つの医療的ケアを

実施することができる。特定行為以外は，看護師等の免許を有するものが行う。医師の指示のもと，園ではあらかじめ定めた支援計画等に沿って医療的ケアを実施する。安定・継続した医療的ケア児への支援体制を構築するためには，喀痰吸引等研修の受講等を勧奨し，たんの吸引や経管栄養などの医療的ケアに対応できる経験豊かな保育士の配置を進めていくことが必要である（図3-4）。

**＜喀痰吸引（たんの吸引）＞**
● 筋力の低下などにより，たんの排出が自力では困難な者などに対して，吸引器によるたんの吸引を行う。

**＜経管栄養＞**
● 摂食・嚥下の機能に障害があり，口から食事を摂ることができない，または十分な量をとれない場合などに胃や腸までチューブを通し，流動食や栄養剤などを注入する。

① 口腔内　② 鼻腔内　③ 気管カニューレ内

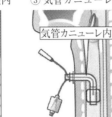

④ 胃ろうまたは腸ろう　⑤ 経鼻経管栄養

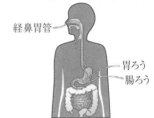

図3-4　特定行為の具体的内容

出典：保育所等における医療的ケア児への支援に関する研究会（厚生労働省 令和2年度子ども・子育て支援推進調査研究事業）：「保育所等での医療的ケア児の支援に関するガイドライン」2021）

### （3）「保育所等での医療的ケア児の支援に関するガイドライン」

episode3-3のように，園で働いている保育者にとって，初めて医療的ケア児を受け入れるときには不安も大きく，相当な準備が必要となる。そこで，医療的ケア児の円滑な受入れや安全で安心できる保育所などの利用を推進していくため，「保育所等での医療的ケア児の支援に関するガイドライン」が策定された。このガイドラインは，全国の市区町村や保育所等における実態調査で明らかになった課題などを踏まえ，保育所などの受け入れからその後の支援まで含め，具体的な対応方法や好事例も盛り込まれて作成されている。

冒頭には，「すべての子どもが一緒に生活することをあたりまえにしなければならない」と記され，医療的ケア児の受け入れに向けた環境整備，受け入れまでの流れ，保育所における一日の流れや日常の保育実施にあたっての留意点など，実践的な手引きとなっている。また，先進的な自治体の取り組み事例から，「保育所等における医療的ケア児の受け入れは，医療的ケア児本人の健やかな成長・発達を促すだけでなく，まわりの子どもにおいても，多様性を受け入れる素地につながるなど，波及的な効果も確認されている」としている。

より多くの自治体が地域の実情に応じて，ガイドラインやマニュアルを策定し，医療的ケア児の受け入れを進めることが期待されている。

# SECTION 4　様々なニーズをもつ家庭への支援

■1　虐待家庭への支援

 episode　3-4　保育園で必要なものが準備できない保護者

　　保育園に通う2歳児のMは，父親が単身赴任で，現在は母親と二人で暮らしている。

　　保育園には毎日通ってくるMだが，日々必要な着替えやエプロンをもってこないことが多い。担任保育者Aは予備の着替えやエプロンを貸し出し，母親に「後で洗って返してくださいね」と伝えているが，返却されないままになってしまうこともしばしばである。また，朝食を食べずに登園することが多く，午前中元気がなくて活動に参加できない日もある。Aはいつも顔色がわるく無表情な母親のことも気になり，どのように声をかけるべきか迷っている。

＊　　＊　　＊　　＊　　＊

## （1）　児童虐待のとらえ方

### ①　児童虐待とは

　　児童虐待は，子どもの心身に将来にわたって影響を及ぼす重大な人権侵害である。

　　わが国では，2000年に児童虐待の防止等に関する法律（通称：児童虐待防止法）が施行され，その第1条では，「児童に対する虐待の禁止」，「児童虐待の予防及び早期発見」などが明示されている。次いで第2条では，児童虐待として，「身体的虐待，性的虐待，ネグレクト（養育の放棄・放任），心理的虐待」の4つの種別を定義している。そのうち，心理的虐待については，2004年の同法改正によって定義が拡大され，「面前DV（児童が同居する家庭における配偶者に対する暴力）」についても含まれるようになった。

### ②　しつけと虐待

　　児童虐待に関しては，家庭内で発生することが多く，家庭におけるしつけとどのように違うのか，保護者がそれをどのように認識しているのか，という課題がある。2019年の児童虐待防止法改正では，「親権者は子どものしつけに際して体罰を加えてはならない」との規定が設けられた。しかし，公益社団法人セーブ・ザ・チルドレン・ジャパンによる調査（2021）によると，「しつけのために子どもに体罰をすることについて，約4割の大人が容認している」との結果が明らかとなっている。これらの実態をふまえ，2022年12月には，親の「懲戒権」の削除ならびに体罰などの禁止を定めた民法等の一部を改正する法律案が国会にて可決・成立した。今後も，しつけを名目とする体罰や虐待をなくし，子どもの権利を守るために，保護者自身ができる工夫や子育てのポイントなどを広く伝えていくことが求められている。

## （2）　児童虐待の現状

　　全国の児童相談所における虐待相談対応件数については，図3-5に示されている通り，1990年度から統計が公表されているが，その数は年々増加し，2021年度には20万7,660件となった。これらの背景には，虐待そのものの件数が増えているだけではなく，児童虐待防止法等の制度が整えられ，児童虐待について社会の関心がより高まってきたこと

もあると想定される。また，その内訳は，図3-6の通り，心理的虐待の件数が大幅に伸びており，先述したDVに関する通告の増加が大きな要因となっていることがわかる。

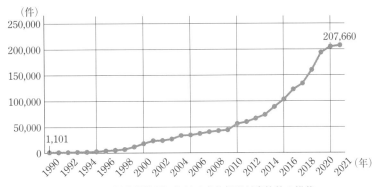

図3-5　児童相談所における虐待相談対応件数の推移
出典：厚生労働省(2022)より筆者作成

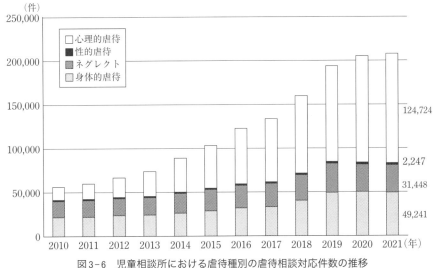

図3-6　児童相談所における虐待種別の虐待相談対応件数の推移
出典：厚生労働省(2022)より筆者作成

　また，児童虐待による死亡事例は年間77人となっており，うち心中以外は49人（0歳児が32人）である。その多くを乳幼児が占め，乳幼児期の支援の重要性が明らかとなっている（社会保障審議会2022）。

## （3）　児童虐待による子どもへの影響

　児童虐待は，子どもの現在だけではなく，その成長過程や将来にわたって心身に深刻な影響を及ぼす。その中の一つに，特定の大人との間に愛着の形成がなされなかったために生じる愛着障害がある。愛着障害とは，養育者との安定した愛情を基盤とした関係（愛着形成）が構築できなかったことによって，引き起こされるものであり，衝動的・反抗的な行動がみられたり，喜怒哀楽をうまく表現できず，情愛や自尊心などが欠如する場合もある。成長過程においてコミュニケーション能力を十分に育んでくることができなかったため，特定の人と親密な人間関係が結べない一方で，見知らぬ人にも過度に

甘えるといった傾向もみられる。特に，乳幼児期は，愛着関係（アタッチメント）を形成するための重要な時期とされている。この時期における虐待による被害は，子どもの健やかな成長を阻害し，その心身の回復には時間を要することが指摘されている。

### （4）　保育園が担う「虐待予防」という役割

では，保育園において児童虐待にどのように対応すればよいのだろうか。適切に対応するためには，まず，「保育園は第一線で早期発見できる場である」ということを個々の保育者が認識しておかなければならない。保育園には，親子が毎日共に通ってくる。その様子を日々観察し，親子の何気ない変化や違和感に敏感になるという姿勢が欠かせない。episode 3-4 のように日常的な関わりから得られるこれらの気づきは，早期発見と対応だけではなく，虐待を発生させないための予防という取り組みでもある。

また，保育園においては，子どもにとって安心・安全な生活が提供されている。保育園に子どもが毎日通うことで，子どもの日中の安全保障が実現されているのである。子どもが保育園で安心して生活できるという状況は，保護者の安心にもつながり，保護者が自分自身の生活や家族の生活の立て直しと養育力を回復させていくことや，子育てにあらためて向き合う機会の提供にも結びつくといえる。

### 2　ひとり親家庭への支援

**episode**　3-5　いつも忙しい保護者

> 1歳児クラスに通うMは母親と二人暮らしである。母親は仕事が忙しいようで，早朝にMを預け，お迎えも一番最後になることが多い。担任保育者Aと直接会えない日や，会えても挨拶もそこそこに急いで立ち去ってしまう日が続いており，AはMの様子や連絡事項は連絡帳に記入して伝えるようにしている。しかし，母親からの返信などはなく，持ち物や行事についての連絡も十分に伝わっていないようである。Aは，Mの成長の様子を共有し，家庭の状況も確認したいと思っているが，母親と顔を合わせて話ができないまま，今に至っている。

＊　　　＊　　　＊　　　＊　　　＊

### （1）　ひとり親家庭の現状

母子世帯，父子世帯を総称して「ひとり親家庭（ひとり親世帯）」とよぶ。ここでは「令和3年度全国ひとり親世帯等調査結果」（以下「調査結果」という）をふまえながら，ひとり親家庭の現状を整理していく。調査結果によると，世帯数は，母子世帯が119.5万世帯，父子世帯が14.9万世帯（推計値）である。ひとり親世帯になった理由のほとんどは「生別」であるが，その中で最も多く挙げられるのは「離婚」によるものであり，母子・父子世帯共に7割前後を占めている。ひとり親になったときの末子の平均年齢は，母子世帯では4.6歳となっている。一方，父子世帯の末子の平均年齢は7.2歳となっており，母子世帯と比べ2.6歳高い。また，世帯構成をみると，子ども以外の同居者がいる母子世帯は35.2％となっており，「親と同居」が24.2％と最も多くなっている。父子世帯の場合，子ども以外の同居者がいる世帯は46.2％となっており，「親と同居」が34.3％と最も多い。

子ども以外の同居者がいる割合，および親と同居する割合は父子世帯の方が高くなっていることがわかる。

　親の就業状況について目を向けると，母子世帯の母，父子世帯の父共に8割以上が就業している。その就業形態は，母子世帯の就業している母の場合，「正規の職員・従業員」が48.8％と最も多く，次いで「パート・アルバイトなど」が38.8％となっている。父子世帯の就業している父の場合は，「正規の職員・従業員」が69.9％，「自営業」が14.8％，「パート・アルバイトなど」が4.9％となっている。母子世帯の母において，非正規雇用の割合が4割近くであることが明らかになっている。


## （2）　ひとり親家庭のニーズ
### ①　経済的課題
　ひとり親家庭の抱えるニーズとして，特に深刻化しているのは経済的課題である。2018年，わが国の相対的貧困率は15.8％（子どもの貧困率は14.0％）であったが，子どもがいる現役世帯のうち，ひとり親世帯（大人が一人）の貧困率は48.3％と半数近くとなっている（2019年国民生活基礎調査：OECD新基準による）。

　前述した調査結果によると，2020年の母子世帯の母自身の平均年間収入は272万円で，母自身の平均年間就労収入は236万円，世帯の平均年間収入（同居親族を含む世帯全員の収入）は373万円となっている。なお，母子世帯の平均年間収入（373万円）は，国民生活基礎調査による児童のいる世帯の平均所得を100として比較すると，45.9となっている。一方，同年の父子世帯の父自身の平均年間収入は518万円で，父自身の平均年間就労収入は496万円，世帯の平均年間収入（同居親族を含む世帯全員の収入）は606万円となっている。父子世帯の平均年間収入（606万円）は，国民生活基礎調査による児童のいる世帯の平均所得を100として比較すると，74.5となっている。母子・父子世帯共に，児童のいる世帯全体と比較し，ゆとりがみられず，経済的課題が深刻な状況にあるといえる。

　なお，子育て期にあるひとり親世帯にとって，大きな収入となる一つに養育費があるが，同調査結果では，養育費の状況は，母子世帯の母では，「取り決めをしている」が46.7％，父子世帯の父では，「取り決めをしている」が28.3％となっている。養育費の取り決めをしていない最も大きな理由については，母子世帯の母では「相手と関わりたくない」が最も多く，次いで「相手に支払う意思がないと思った」となっており，父子世帯の父では「自分の収入等で経済的に問題ないから」が最も多く，次いで「相手と関わりたくないから」となっている。養育費を適切に受け取れないことが各家庭の経済状態に影響する実態も少なくないといえる。

### ②　ひとり親家庭に生じる悩み
　子どもは，もちろんひとり親本人が抱える悩みにも様々な特徴がみられる。調査結果においては，子どもについての悩みの内容では母子世帯，父子世帯に共通して最も多く挙げられたものが「教育・進学」に関してであった。次いで「しつけ」が挙げられており，

家族の生活を一人で支え，子どもに向き合う時間が限られるなかで，子どもとの関係や子育てに悩む母親・父親の姿が浮かび上がっている。

　同調査で，ひとり親の困っていることについても明らかにしており，母子世帯の場合，最も多いのが「家計」で49.0%，次いで「仕事」が14.2%，「自分の健康」が10.7%と続く。父子世帯の場合は，母子世帯と同様に「家計」が最も多く38.2%，次いで「家事」が14.1%，「自分の健康」が11.8%となっている。母親と父親では，親自身が抱える悩みにも若干の違いが生じていることがわかる。

## （3）　保育者に求められる支援
### ①　支援策に「つなぐ」，「つながる」こと
　ひとり親家庭への支援は，母子及び父子並びに寡婦福祉法を中心に推進されており，「就業・自立に向けた総合的な支援」へと施策が強化されてきた。具体的には，「子育て・生活支援」，「就業支援」，「養育費の確保」，「経済的支援」の4つの柱により，各施策が進められている。

　また，ひとり親家庭への経済的支援として代表的な制度である児童扶養手当は，2010年から父子世帯も対象となり，児童が18歳になった後の最初の3月31日（障害児の場合は20歳未満）まで支給される。児童扶養手当制度は，1961年の創設以来改正を重ねてきており，支給額の増加や所得制限限度額の引き上げ，支払い回数の見直しなど，ひとり親家庭の現状に合わせた改正がなされている。そのほか，子どもの居場所づくり，教育費の負担軽減や学習支援，相談窓口のワンストップ化などの相談体制の強化・充実など，ひとり親の生活や就労，子どもたちを支える制度・サービスは整備されてきている。

　その一方で，制度やサービスが整備されていても，ひとり親家庭の当事者にそれらの制度の存在が知られていない，知っていても十分に利用できていないという場合もみられる。制度やサービスについての幅広い情報提供と共に，当事者が必要な支援に確実につながることが重要である。近年では，SNSを活用した周知のしくみも広がりつつあり，ひとり親家庭の個々の状況に寄り添った支援の構築が求められている。同時に，ひとり親家庭に向き合う保育者もまた，一人の支援者として多様な制度やしくみを理解し，日々新しい情報を得ながら，当事者と支援を結びつける懸け橋の役割を果たしていくことが重要である。

### ②　親子の理解者となること
　子どもの成長に伴い，保護者が抱える課題は変化する。個々の家庭の状況や子どもの年齢・発達段階に応じたきめ細かなサービスを提供することが不可欠である。さらに，ひとり親家庭においては，その親子が「大切な家族との関係」を何らかの形で喪失した経験をもっているということと，生活や仕事・環境などの変化に向き合わざるをえなかったということをふまえて，それぞれの家族関係に配慮する必要がある。

　また，ひとり親家庭の場合は，母親あるいは父親が一人で仕事と家事・育児を担わなければならないという現実があり，episode 3-5の家庭のように，子どもにとって唯一

の存在である大人自身に余裕がなくなってしまうケースも多い。家庭内に育児を支え合うパートナーがいない場合には，相談できる相手や場所の存在が欠かせない。前述した調査結果では，「相談相手あり」と回答した割合は，母子世帯では78.1％，父子世帯では54.8％であった。相談相手については，母子世帯，父子世帯共に「親族」が最も多い。しかし，「相談相手なし」と回答した世帯のうち，「相談相手がほしい」と回答したのは，母子世帯では58.1％，父子世帯では48.0％にのぼる。生活上の困難さやトラブルが生じたとき，保護者にとって保育者は「先生にちょっと相談してみよう」という信頼を寄せられる存在でありたいものである。前述したように，ひとり親家庭に生じる悩みや困りごとは多様であり，それらを個別に受けとめ支援する姿勢が求められている。

## ③ 外国籍家庭への支援

**episode** 3-6　お弁当とは，どのようなものですか？

　4歳児クラスに入所してきたばかりのＭは，両親ともに外国人の家庭である。来日してから半月ほどで，Ｍも両親も共に日本語はまだうまく話せない。保育園では，来月の遠足に向けて準備を進めているところであり，担任保育者Ａは，それぞれの家庭に「当日は子どもにお弁当を持たせてください」とのお便りを配布した。その後しばらくしてから，Ｍの母親から「お弁当とはどのようなものですか？」との質問があった。Ａは，子どもに持たせてほしいお弁当について，イラストや簡単な言葉を使って説明することにした。

＊　　＊　　＊　　＊　　＊

### （1）　外国で子どもを育てるということ

　多文化が進む今日，出入国在留管理庁の調査によると，2022年6月末現在，日本における在留外国人数は296万1,969人となり，前年末（276万635人）に比べ，20万1,334人（7.3％）増加し，過去最高となっている。同時に，保育所や幼稚園においても，外国籍の子どもたちや，日本国籍であっても，両親どちらかが外国籍であるなど，何らかの形で外国とつながりをもつ子どもたちの在籍・通園が少なくない現状がみられる。

　そのような状況において保育者は，外国籍や外国にルーツをもつ子ども自身とその家族・家庭の両方に目を向けていかなければならない。特に，子どもたちに対しては，一人ひとりの人権が守られ，保育の場が安心できる安全な場所となっているかどうかという視点が重要である。

　現行の保育所保育指針においては「外国籍家庭など，特別な配慮を必要とする家庭の場合には，状況等に応じて個別の支援を行うよう努めること」（第4章　子育て支援：2保育所を利用している保護者に対する子育て支援　(2)保護者の状況に配慮した個別の支援）とし，日本語によるコミュニケーションをとりにくいことや，文化や習慣が異なること，様々な問題に不安を感じている保護者に対して，それらの不安に気づき，状況を把握・理解したうえで対応しなければならない，と述べている。外国籍の子育て家庭に対しては，それぞれの家庭に異なる文化やルーツがあり，多様な生活習慣や生き方がある。まして幼い子どもが海外から移り住むようになった場合，子どもだけではなくその親もまた，異文

化の社会の中で子育てしながら共生していくことが求められる。親子が同時にそのような状況に直面していることを理解しつつ，成長と発達が著しい段階にある子どもたちに今何が必要であるのかを検討し，支援しなければならない。

## （2） 文化の違いによる課題

　外国籍の子育て家庭に支援を行う際には，文化の違いによる課題が生じる可能性をふまえておく必要がある。生活習慣や価値観，それぞれの国に根づいた文化は親子にとっては大切なものである。しかし，その異なる文化によって，保育園や保育者との間に認識のずれや行き違いが生じてしまうことも考えられる。

　例えば，保育者と保護者の間で，子ども観や子育て観，子どもへの関わり方が違ってくることは当然想定されることであり，国によって「虐待」についての認識が異なる場合もある。言葉やコミュニケーションの問題，文化・習慣や宗教などの違いにより，子育て家庭が地域で孤立しがちになる，という課題もあるだろう。障害についての認識や理解とその共有の難しさや，DV被害，離婚など家族関係に関わる課題をどのように察知し支援・介入していくかという課題も挙げられる。また，園においても子ども同士の関わり，遊び，活動の内容について配慮が必要な場合も考えられ，そのつど，家庭の理解を得ていくことが重要となる。

## （3）　コミュニケーションに対する支援

　外国籍の子育て家庭が感じている不便さについては，主に言語やコミュニケーションの課題が考えられるが，保育現場においては，episode 3-6で示した例のように，それぞれの家庭と円滑にコミュニケーションを図るための工夫や，日常の保育の意図・目的を理解してもらうための取り組みが欠かせない。

　具体的なサポートや支援としては，各自治体や関連団体によるサービスが展開されている。「外国籍等の子どもへの保育に関する調査研究　報告書」(2021)によれば，外国籍の子どもと保護者に対して市区町村が実施している主な支援としては，①人員配置などによる支援（通訳の派遣など），②ICTを活用した言語的支援（翻訳機器の貸与等），③資料翻訳等，④就学前支援，⑤人材育成・職員教育が挙げられており，コミュニケーションに対する支援が重視されていることがわかる。

　また，同報告書では，それらの施策によって得られている成果や効果についての自由回答を紹介している。主な回答のうち，いくつかを抜粋して下記に示す。

- 人員配置等による支援

　　通訳を行ってもらうことでトラブルの回避につながり，スムーズな保護者対応につながっている。

- ICTを活用した言語的支援

　　保護者とのコミュニケーションがリアルタイムでとれ，確実に共有できる。

- 資料翻訳など。

複雑な保育所申請の手続きなどを理解してもらうツールとして活用することができた。

• 就学前支援など

就学前に日本語の支援を行うことで小学校での学習にスムーズに入ることができる。

そのほか，民間団体による支援としての一つとしては，「外国人住民のための子育て支援サイト（かながわ国際交流財団）」を紹介したい。このサイトでは，外国人住民当事者向けだけではなく，「子育て支援全般」，「母子保健」，「保育」など支援者向けのページを設け，子育て支援の際，コミュニケーションや対応において活用できる情報や資料を提供している。他にも，入園の際に知っておきたいこと，入園後の留意点や生活上の共有すべきことについて，図やイラストを用いてわかりやすく示しており，保育者と保護者のコミュニケーションツールとして有効である。

現在の保育現場においては，スマートフォンやタブレットの導入も進みつつあり，翻訳アプリなど多様なツールも存在しているが，それらを活用しながら，各家庭が抱えている困難さや悩み事について個別に理解しなければならない。

## （4） 多文化の中で育つ子どもと保護者への支援

保育所保育指針において，「保育所は，子どもの人権に十分配慮すると共に，子ども一人ひとりの人格を尊重して保育を行わなければならない」（第1章　総則：1保育所保育に関する基本原則(5)　保育所の社会的責任）として，「子どもの発達や経験の個人差等にも留意し，国籍や文化の違いを認め合い，互いに尊重する心を育て，子どもの人権に配慮した保育となっているか」を常に全職員で確認することが必要であるとしている。また，「子どもの国籍や文化の違いを認め，互いに尊重する心を育てるようにすること」（第2章保育の内容：4保育の実施に関して留意すべき事項　(1)保育全般に関わる配慮事項）を挙げており，保育士等は，子どものもつそれぞれの文化の多様性を尊重し，多文化共生の保育を進めていくことが求められる，と述べ，その際には，外国籍の子どもの文化だけではなく，宗教や生活習慣など，どの家庭にもあるそれぞれの文化を尊重することが必要である，としている。子ども自身や保護者も含めて，お互いの国の文化やルーツ，その存在を認め合いながら成長し，理解を深めていくことを促している。

自治体や民間団体による支援体制も整備されつつあるが，外国籍の子育て家庭が抱える事情は，貧困や孤立，情報へのアクセシビリティ*の問題，それらの課題の潜在化など多岐にわたることも少なくない。保育の場だけではなく，地域の様々な社会資源を活用しながら支援の充実を図ることが求められている。そして，保育者一人ひとりが，国籍に関わらず，子ども同士・保護者同士，そして親子同士をつなぐ役割を担うことが，すべての子どもの権利や親子のアイデンティティを守り，豊かな多文化共生社会の実現に結びつくといえる。

　＊アクセシビリティ：年齢や身体障害の有無に関係なく，誰でも必要とする情報に簡単にたどり着けて，利用できること。

# 4章 地域の社会資源の活用と関係機関等との連携・協力

目標：本章では，身近な地域で子育て支援を行うために必要な社会資源と，これを組合せた支援方法について理解する。フォーマル・インフォーマル社会資源それぞれについて，具体的な機関や活動内容を把握し，これらが互いに連携し合い，子育て家庭が抱えている問題をどのように解決していくのか episode を読み込みながら理解を深める。

## SECTION 1　自治体との連携

**1**　社会資源を活用する意義

 episode　4-1　並行通園をしている知的障害のある子ども

　　入職3年目の保育者Aは，今年は5歳児クラスをひとりで担任している。6月の初旬，Aの目下の心配事は，今年度4月より隣の市から転入し，この保育所に入園したMとその家庭のことである。
　　Mは出産時のトラブルで脳性麻痺となり，軽度の知的障害をもっている。そのため，週に1日，児童発達支援センターに通園しており，保育所には週4日登園をしている。隣市より転入したため，Mの状況に関する情報は少なく，保護者からの情報のみに頼る状況であった。入所の手続や保育所の登降園，児童発達支援センターの通園の送り迎えをしているのは母親である。Mの他に小1の兄がおり，第3子を妊娠中，母親の子育ての負担は多くある。母親は家庭の状況について，あまり多くを語ってくれない。そのことにAは違和感を抱いていた。
　　事態が変わったのは5月の連休明けである。忘れ物が増え，園を欠席する日が出てくるようになり，5月は17日中8日しか登園がなかった。欠席の日に母親に電話をしても，「ちょっと忙しくて…。Mは元気なので大丈夫です」というのみであった。

＊　　　＊　　　＊　　　＊　　　＊

### （1）　生活の場から気づく問題や課題

　　保育所，幼稚園などでは，子ども自身をはじめ，家庭を含めた様々な課題や問題がみられる。それは園は人の生活の場であるからこそ起こり得ることであり，気づきやすい立場にある。つまり，保育者として仕事を続けていくなかでは必ず出合う課題や問題である。episode 4-1内の欠席が続く状態などは，その背後で児童虐待や不適切な養育が潜んでいる場合もある。この園では，欠席の際には必ず家庭に電話を入れ，安否確認を行っていたが，欠席の原因は不明のままであった。

### （2）　適切な社会資源*の活用

　　園は，各家庭から日々子どもたちが通っており，日々の子どもの様子や家庭の様子に敏感に気づくことのできる特性をもった場である。多様化する社会背景や家庭背景の中で様々な問題や課題を抱える家庭もある。

　　＊社会資源：その人のニーズを満たすために動員される施設や設備，資金や物資，集団や個人の有する知識

や技能を総称する。フォーマルサービスとインフォーマルサポートという概念がある。

　保育所保育指針には「保護者に対する子育て支援における地域の関係機関との連携および協働を図り，保育所全体の体制構築に努めること」と述べられている。保護者に対する子育て支援を適切に行うためには，保育所の機能や専門性を十分に生かすことが重要である。そのうえで，自らの役割や専門性の範囲に加え，関係機関および関係者の役割や機能をよく理解し，園のみで抱え込むことなく，連携や協働を意識して，様々な社会資源を活用しながら支援を行うことが求められる。

## 2　地域における社会資源

### episode　4-2　頼れる場所をもたなかったH一家

　6月初旬のある日，母親と直接話をする機会を設けることにし，園長・主任・担任保育者の4人で園内の会議室に集まった。母親は元々精神疾患を患っていたこと，第3子を妊娠してから体調を崩してしまっていた。朝は起床することも辛く，ついつい自分のパートも休んでしまい，保育園も休ませてしまう状況であると教えてくれた。父親は，今の仕事は夜勤もあり，かつリストラの危機があるという。家事や兄弟の育児，保育園や児童発達センターへの送迎などは，母親が一手に行っている。

　近所には頼れる知人もない。祖父母（Hの母親の父母）とは元々子どもの頃から，折り合いがわるく，高校を中退し，17歳でHの兄を出産，父親と結婚することになったことをきっかけに，関わりが途絶えてしまったそうである。母親がキーパーソンとなり，どうにか乗り切ってきていたH一家。その母親が体調を崩し，父親も失業の危機，このままでは一家が路頭に迷ってしまう危機的な状況にあることが話し合いを通してわかった。

　園長は，いろいろな機関の力を借りることで，今の困った状況が乗り越えられるかしれないことを母親に伝えると，母親はぜひお願いしたい，とのことであった。

＊　　　＊　　　＊　　　＊　　　＊

### （1）　不適切な養育が疑われた場合

　保育所保育指針に，「保護者に不適切な養育等が疑われる場合には，市町村や関係機関と連携し，要保護児童対策地域協議会で検討するなど適切な対応を図ること。また，虐待が疑われる場合には，速やかに市町村，または児童相談所に通告し，適切な対応を図ること」とあるように，episode 4-2のH一家に対しては，園だけでなく様々な機関で連携して対応していく必要がある。

　母親は保護者として懸命にできることを行おうとする姿勢はあるが，Hやきょうだいの成育環境としては，「子どもの最善の利益」が保障された環境とは言い難く，母親自身やきょうだいの養育に対して支援が必要な状況である。

　園では，子どもの障害，小学校との連携，保護者の精神疾患，保護者の就労などの問題や課題への対応は，保育者の専門性では不十分であったり，限界がある。そうした問題や課題に直面した際には，「これは専門外である」という適切な判断がまず必要とされる。判断の後には，関係機関に協力を仰ぎ，関係機関との密接な連携と協働による対応を図る。危機的な状況にあると判断された際においては，関係機関が強制的に介入す

る場合もある。

　適切な支援のためには，地域の様々な専門機関・専門職，地域の社会資源を知り，ネットワークを形成しながら問題や課題にアプローチしていく姿勢が求められている。


## （2）　フォーマルな社会資源（フォーマルサービス）

　フォーマルな社会資源とは，都道府県や市区町村などの自治体が設置した公的（フォーマル）な機関・組織による支援を指す。保護者や家庭が抱える課題や問題に対し，専門機関や専門職による専門的な知識と経験に基づいた支援が行える利点がある。

### ①　児童相談所：高度な相談先，児童虐待の通告先，一時保護，施設入所措置など

　児童相談所は，児童福祉法に基づく児童福祉の専門の機関であり，都道府県，政令指定都市に設置が義務づけられている。原則18歳未満の児童に関する相談や通告を子ども本人・家族・保育者や教員，地域などから受けつけており，問題解決に必要な指導，援助，措置を行っている。

　主な業務は，相談（養護相談，保健相談，心身障害相談，非行相談），児童虐待通告の受理・調査，介入（家庭への立ち入り調査，一時保護，乳児院や児童養護施設など児童福祉施設入所の措置など），里親の委託および指導，子どもの一時保護など。知的障害のある子どもへの療育手帳の判定・交付なども行っている。

　児童相談所には児童福祉司，児童心理司，医師，保健師などの専門のスタッフがおり，医学的・心理学的・教育学的・社会学および精神保健上の見地から調査・判定・指導を行っている。

### ②　福祉事務所：地域の相談先，生活保護，保育所入所，家庭児童相談室など

　福祉事務所は，社会福祉法に基づく地域住民の福祉を図るための窓口となる機関であり，生活保護，児童家庭，高齢者，障害児・者などの援護，育成，更生の措置を行っている。地域によっては福祉事務所の機能を各部・各課に分散させ，福祉事務所という名称でなく保育課，支援課，保護課などの名称で業務を取り扱っていることもあるものの，都道府県および市と特別区（東京23区）は必ず設置されている。

　児童家庭関係においては，保育所の入所受付，ひとり親家庭の相談や支援（母子寡婦相談），母子生活支援施設や助産施設への施設入所措置も取り扱っている。また，家庭児童の福祉に関する相談や指導業務の充実強化を図るための家庭児童相談なども行われ，家庭児童相談室が設置されている自治体も多くある。地域に密着した援助機関として，社会福祉主事や家庭相談員などのスタッフが軽易な相談を主に担当し（高度な相談は児童相談所），要保護児童対策地域協議会の調整機関の役割も担っている。

### ③　保健所・保健センター：地域の母子保健活動，精神保健活動など

　保健所・保健センターは，地域保健法に定められた地域住民の健康や衛生を支える機関である。感染症対応，食品・環境衛生などに限らず，母子保健活動，精神保健活動，障害児・者への支援活動など，幅広い地域保健活動を行っている。

　母子保健においては，保護者と子どもの心身の健全育成，若年妊娠や出産，DVなど

のハイリスク妊婦への援助など妊娠期からの支援，出産後には，新生児訪問・未熟児・低体重児訪問，産後うつなどの把握と援助，乳幼児健康診査(6か月健診，1歳半健診，3歳児健診など)の実施などを行っている。

　精神保健活動においては，精神疾患をもつ方への早期治療の促進や社会復帰，自立の支援など，地域住民の精神的健康の保持増進を図るための活動を行っている。

④　児童福祉施設(乳児院・母子生活支援施設・児童養護施設・児童発達支援センター)：施設入所，ショートステイなど

　児童福祉施設とは，児童福祉法に定められた児童福祉に関する事業を行う11の施設を指す。

　そのうち，乳児院・児童養護施設は，何らかの事情で保護者またはそれに代わり養育する者が子どもを養育することが困難な場合，代わって養育をする施設である。保育士・児童指導員・心理療法担当職員などの専門職が，子どもの生活の支援，自立に向けた支援，退所後のアフターケアなどを行う入所型の施設である。現在の主な入所理由は，児童虐待や保護者の養育困難などである。保護者の事情で短期間の預かりなどを行うショートステイ，養育相談なども受付けている。

　母子生活支援施設は，配偶者のない女子やそれに準ずる事情にある女子とその女子が育てる子どもが入所し，保護すると共に，自立の促進のための生活支援と退所後の相談や援助を行う施設である。未婚のまま出産した場合，離婚により母子となった場合，DV被害にあった場合など，母子が一緒に生活をしつつ共に支援を受けることができる。最近は，精神障害，知的障害をもつ母親なども増加している。

　児童発達支援センターは，障害をもつ就学前の子どもとその家族への支援を行う施設であり，医師などにより，療育の必要性が認められた子どもが通う通所型の施設である。医師，児童指導員，保育者や機能訓練担当職員なども配置されている。

⑤　その他：小学校・放課後児童クラブなど

　小学校，放課後児童クラブ(学童保育)など，子どもの生活の場である機関との連携も図られる。

（3）　インフォーマルな社会資源(インフォーマルサポート)

　インフォーマルな社会資源とは，子育て当事者同士のサークル，その他友人・知人，地域の住民との関わりやボランティアなどの私的(インフォーマル)な人間関係・組織のもつ力を指す。子育て当事者である保護者同士，かつて子育て当事者であった経験者の立場などから，共感をもって相手の不安や苦労などを分かち合い，支え合える利点がある。

①　社会福祉協議会

ファミサポ，ボランティア窓口と紹介，生活福祉資金の貸付など

　社会福祉協議会は，民間の社会福祉活動を推進することを目的とした営利を目的としない民間組織であり，社会福祉法に基づき設置されている。都道府県，市区町村に設置

されている。社会福祉協議会では，「福祉のまちづくり」の実現に向け，様々な活動を行っている。子どもや家庭に関しては，以下の活動が代表的なものである。

- 「ファミリー・サポート・センター」事業の事務局

　ファミリー・サポート・センター事業は，子どもの送迎，一時的な預かりなど，住民による有償の保育活動である。子どもを預かる「提供会員」と子どもを預けたい「利用会員」は，事前に「ファミリー・サポート・センター」事務局に登録し，事務局がそのコーディネートや利用料金の収受，提供会員への研修などを行う。

- ボランティア活動の支援・紹介

　地域でボランティアをしたい，募集したい，活動を支援してほしいなど，ボランティアの相談，支援，紹介などを行っている。「社協だより」などで活動の紹介なども行っている。家事支援，遊び支援などをはじめ，最近では子どもや保護者の居場所づくり，子ども食堂などのボランティアも多くみられる。

- 生活福祉資金貸付制度

　低所得者や高齢者，障害者の生活を経済的に支えると共に，その在宅福祉や社会参加の促進を図るために，生活資金の貸しつけを行っている。借入した資金は返済が必要になるが，生活保護の受給の前に検討することが多い。

② 子育てサロン・ひろば活動など：地域の親子の居場所やつながりづくりの場

　子育て当事者や経験者による市民活動として，未就園の子どもとその保護者のための居場所づくりや，サークル活動などが行われている。乳幼児の親子サークルや遊び場，親同士のサークル，障害をもつ子どもを育てる親の会，バザーなどが行われ，地域のゆるやかなつながりがつくられている場である。

## 3 連携・協力

 episode 4-3　地域で支える子育て

　園長はまず，市の福祉事務所の児童家庭相談室の家庭児童相談員に連絡をし，H一家の状況を伝えた。すると，家庭児童相談員は，必要となる援助のポイントを洗い出し，支援のための機関連携のコーディネートをしてくれることとなった。また，H一家を要保護に準じる児童・家庭であると判断し，児童相談所にも情報を共有した。

　さらに「要保護児童対策地域協議会」を開催することとした。要保護児童対策地域協議会では，各機関が把握している情報を共有し，まずは母親の治療，母親の担っていた役割を軽減することを方針とし，次ページ表4-1の支援を同時に行っていくこととした。協議会は月に1回開催することとし，その間には家庭児童相談室への情報共有・情報集約を欠かさないことを確認した。こうして，孤立していたH一家に対し，地域の関係機関のチームワークによる支援が始まった。

＊　　　＊　　　＊　　　＊　　　＊

　この episode 4-2, 3 では，担任保育者が，欠席が続くことや，家庭の状況が見えない違和感をもち，主任と園長に報告・相談したことで，H一家に対する支援へとつながった。

　また，園のリーダーである園長が中心となって，保護者との面談から保護者の意思を

表4-1　H一家への支援と担当機関

| 対象者 | 支援内容 | 担当する機関 |
| --- | --- | --- |
| 母 | 健康状態・出産後のサポート | 保健所・保健センター |
| | 出産後の居場所 | 子育てサロン |
| H | 日常の状況把握・情報共有 | 保育所 |
| | 療育の状況把握・情報共有 | 児童発達支援センター |
| | 小学校への就学 | 教育委員会(就学相談)・小学校 |
| 兄 | 日常の状況把握・情報共有 | 小学校 |
| H・兄 | 母体調不良時の送迎等 | 社会福祉協議会のファミリー・サポート |
| | 母出産時の対応 | 児童養護施設でのショートステイ利用 |
| 世帯全体 | 経済的困窮 | 社会福祉協議会の生活福祉資金貸付 |
| | 機関連携のコーディネート | 家庭児童相談室 |
| | 情報共有 | 児童相談所 |

確認し，関係機関への連絡・連携へとつなげることができた(表4-1)。

　もしも，担任保育者がその違和感に気づくことがなかったり，気づいたとしても問題を園内のみで抱え込んでしまっていたら，こうした支援にはつながることはなく，H一家は孤立したままであっただろう。最悪の場合には，母の健康状態の重篤化や，児童虐待などにもつながってしまっていた可能性も考えられる。

　園は，日々子どもたちが通い，家庭と並ぶ子どもたちの生活の場であり，日々の送迎などで保護者と顔と顔とを合わせられる機会をもてる立場である。そのため，不適切な養育や児童虐待などに対する予防的な関わりを行うことができ，子どもや保護者の微細な変化にも日々気づくことができるのである。つまり，「子育てのプラットフォーム」や「子育ての総合窓口」としても機能していることがわかる。

　こうした園のもつ子育て支援機能の強みを生かしつつ，自治体や地域の多機関とのよりよい連携と協働を図ることで，複合化し，多様化する現代の子育てをめぐる課題に対応することができる。

　「子どもの最善の利益」の保障と「保護者および地域が有する子育て支援を自ら実践する力の向上」のために，各関係機関と力を合わせ，チームとして機能していきたいものである。

# SECTION 2　保育所における地域子育て支援

🐰 ─episode　4-4　「ひまわりひろば」で気持ちが明るくなったＡさん

　　Ａは，在宅で８か月になるＭを育てている。Ａは出産するまで小さな子どもに接したことがなく子育てに不安を感じている。誰かに相談したくても祖父母は遠方で，父親は帰りが遅く，父親自身も子どもに接した経験がなくＡに相談されても困った様子である。インターネットで検索したところ，近所の保育園の敷地の一角に「ひまわりひろば」という親子で過ごす場所があることがわかり，思いきって出かけてみることにした。

　　訪れてみると室内はオープン・スペースになっていて，おもちゃがたくさんあり，同じくらいの親子がゆったり過ごしている。スタッフの保育者には子育ての相談をすることができ，そこで知り合ったお母さんとは子育ての情報交換をして，親子で楽しいひと時を過ごすことができた。

　　帰り道，Ａは気持ちが明るくなり，子育てが少し楽になったように感じたという。

＊　　　＊　　　＊　　　＊　　　＊

## 1　地域の子育て支援拠点としての保育所

### （1）　保育所における地域子育て支援の必要性

　　児童数の減少により親自身もきょうだいが少なく，episode 4-4のように子どもに接した経験がないまま親になる場合も多い。

①　わが子が初めて接した子どもであるため接し方がわからない。

②　子どもをもつまで，仕事中心の生活であったため，いざ親になった時に地域の親子や子育て支援サービスとつながらずに孤立してしまう。

③　孤立した子育ては不安やストレスを感じやすく，子育ての負担感も高い。

などが知られている。

　　保育園は支援を必要とする親に対して，保育園の特性と保育の専門性を活用して積極的に支援を展開することが求められている。身近な地域に保育と子育て支援の専門機関である保育園があることは，親にとって大きな安心につながる。

### （2）　子ども・子育て支援新制度に基づく地域子育て支援

　　地域子育て支援拠点事業は，2015年（平成27）年４月から施行されている子ども・子育て支援新制度で示されている事業である（図4-1）。

　　子育ての孤立感，負担感の解消を図ることを目的として，地域のすべての子育て家庭を対象に，親子の交流促進や育児相談などを実施する取組みである。

　　これまでも子育て支援の拠点づくりは推進されてきており，1993（平成5）年保育所地域子育てモデル事業が創設され，1995（平成7）年地域子育て支援センター事業，2002（平成14）年つどいの広場事業が実施され，2007（平成19）年地域子育て支援拠点事業として統合・再編して法定化された。

　　令和3年度地域子育て支援拠点事業の実施場所別の実施状況は，7,611か所の内，保育園が30.3%，認定こども園が16.2%を占めており，保育園等における実施率が高く，保育園の機能と保育の専門性を活用して役割を担うことが期待されている。

| 背　景 | 地域子育て支援拠点 |
|---|---|
| • ３才未満児の約６～７割は家庭で子育て<br>• 核家族化，地域のつながりの希薄化<br>• 自分の生まれ育った地域以外での子育ての増加<br>• 男性の子育てへの関わりが少ない<br>• 児童数の減少 | ○一般型　公共施設，空き店舗，保育所等に常設の地域の子育て拠点を設け，地域の子育て支援機能の充実を図る取組を実施<br>○連携型　児童館等の児童福祉使節等多様な子育て支援に関する施設に親子が集う場を設け，子育て支援のための取組みを実施 |

**課　題**
- 子育てが孤立化し，子育ての不安感，負担感
- 子どもの多様な大人・子どもとの関わりの減
- 地域や必要な支援とつながらない

**地域子育て支援拠点の設置**

子育て中の親子が気軽に集い，相互交流や子育ての不安・悩みを相談できる場を提供

┌─── 4つの基本事業 ───┐
①子育て親子の交流の場の提供と交流の促進
②子育て等に関する相談，援助の実施
③地域の子育て関連情報の提供
④子育て及び子育て支援に関する講習等の実施

○更なる展開として
- 地域の子育て支援活動の展開を図るための取組（一時預かり等）
- 地域に出向き，出張ひろばを開設
- 高齢者等の多様な世代との交流，伝統文化や習慣・行事の実施 等

➤ 公共施設や保育所，児童館等の地域の身近な場所で，乳幼児のいる子育て中の親子の交流や育児相談，情報提供等を実施
➤ NPO など多様な主体の参画による地域の支え合い，子育て中の当事者による支え合いにより，地域の子育て力を向上

図4-1　地域子育て支援拠点事業の概要

出典：厚生労働省

### （3）　保育所等の地域子育て支援事業による子育て支援の実際例

　「保育所型認定こども園−風の谷」（千葉県市川市）で実施している地域子育て支援センターの「さかえ・こどもセンター」を紹介する。「さかえ・こどもセンター」は，月～金曜日の10～15時と，土曜日は独自に園庭解放を妊娠期の夫婦と就学前の子どもと父母を対象として，親子で滞在するオープン・スペースと園庭を中心に様々なプログラムを実施している（図4-2）。

図4-2　さかえ・こどもセンターと「パパと一緒の母親学級」の様子

写真提供：さかえ・こどもセンター

　＜午前＞１歳以上の親子，＜午後＞妊婦と０歳才児の親子を中心に，①親子が自由に過ごす時間，②親子で一緒に楽しむプログラム「小麦粉粘土であそぼう！」「親子リラックスヨガ」，季節の行事等，③サポーターと保育士が子どもを預かり，2時間の親の息抜きタイムをプレゼントする「アンティ・マミー」，④妊婦と3か月までの乳児の親子を対象とする「ハッピーマタニティ」，⑤夫婦で参加する「パパと一緒の母親学級」，⑥わが子の成長・発達が気になる親と子どもが気兼ねなくおしゃべりをする時間である「ホッとスペース」，その他，健康，栄養，発達に関するミニ講座などがある。自由に参加できるプログラムと予約制のプログラムがある。

子育てや親自身のことに関して電話と予約による来所相談があり，プログラムに参加した際は，気軽に相談ができる機会となる。3名の保育者が事業とオープン・スペースの運営を行い，看護師，栄養士，心理士，助産師，ボランティアスタッフも役割を果たす。通常の保育と同じ場所で行われているため，在宅で子育てをしている親子が保育園の保育に親しみをもつきっかけにもなっている。

## 2　地域に開かれた子育て支援に関する活動

### （1）　児童・生徒における保育体験

少子化の進行により，児童・生徒が地域で乳幼児と出会う機会が少なくなっている。学校教育の中で乳幼児と交流して触れ合う体験をもつことが推奨されている。

東京都社会福祉協議会の報告書によると，職場体験として①約9割の保育園が中学生を，②約2割の保育園が小学生を受け入れており，児童・生徒にとって職場体験は乳幼児との触れ合いを体験する機会となっている。主な内容は，小学生，中学生共に①3・4・5歳児と遊ぶ体験が最も多く，次に②0・1・2歳児との触れ合いや，③一緒に給食を食べる体験である。職場体験を受け入れる目的は，小学生・中学生共に①「子どもとの関わりを楽しく思ってもらう」，②「乳幼児との交流を通じて，小さい子を大切にする気持ちを育ててほしい」であり，中学生には③「相手が喜んだり役に立っている達成感を感じてほしい」，④「保育の仕事に関心をもってもらいたい」など，仕事の魅力を伝えるキャリア教育としての効果も期待されている。体験後は行事の参加やボランティアの声かけをすることで触れ合い体験から，地域での交流につながる例もある。

### （2）　世代間交流

保育園では様々な世代との交流があり，一例として高齢者との交流がある。都市化や核家族化の進行により乳幼児と高齢者が触れ合う機会は減少しており，保育園は地域の乳幼児と高齢者をつなぐ役割も果たすことができる。散歩のときに出会う高齢者とあいさつを交わすなど日常の何気ない触れ合いは貴重な機会である。高齢者を保育園に招く，高齢者施設を訪問して伝承遊びを楽しむなど，機会を設定して触れ合いを楽しむことも，乳幼児が高齢者に親しみをもち，関心を深め，身近な存在と感じるきっかけとなる。

## 3　保育所と連携して地域子育て支援サービスに関わる人

### （1）　ファミリー・サポート・センター事業（子育て援助活動支援事業）

保護者に替わり，保育園の送迎や子どもの預かりなどを行う子育て支援としてファミリー・サポート・センター事業がある。「子ども・子育て支援新制度」の中の「地域子ども・子育て支援事業」の一つに位置づけられている事業で，子育ての援助を受けたい人（依頼会員）と援助を行いたい人（提供会員）との地域の相互援助活動である。市区町村，あるいは市区町村が委託した事業所で実施され，アドバイザーが依頼会員と提供会員のひき合わせと連絡調整を行う。活動例として①保育施設への送迎，②保育施設の時間外

や学校の放課後の預かり，③保護者の病気や冠婚葬祭，買い物等の外出の際の子どもの預かりなどがあり，一部の地域では病児・緊急対応強化事業として，④病児・病後児の預かり，⑤早朝・夜間の預かりを実施している。提供会員は，緊急救命講習，および事故防止に関する講習とフォローアップ講習を受講する。依頼会員は1時間800円程度の活動報酬を支払う。

依頼会員は「安心して仕事ができる」，「近くに親族がいないため心強い」，「子どもが依頼日でない時も提供会員さんの家に遊びに行きたがる」と，提供会員とのつながりが親子の安心につながる。提供会員にとっても，「子どもの成長がみられてサポートが楽しみ」，「家族ぐるみで交流をしている」，「子どもの笑顔が元気の源」と，双方にとって地域の縁を結ぶ活動であり，子育て世代と中・高年世代が交流する機会ともなっている。

## （2）　民生委員・児童委員，主任児童委員

民生委員は児童委員を兼ねており，厚生労働大臣から委嘱された非常勤の地方公務員で，無報酬の活動である。市区町村それぞれの地域で高齢者や障害者，子育て中の家庭や子ども，生活困窮家庭などから相談を受け，福祉サービスと連携して支援を行う。

児童委員は地域の子どもたちが元気に安心して暮らせるように子どもたちを見守り，親の子育ての不安や妊娠中の心配ごとなどに対応する。

一部の児童委員は児童に関することを専門的に担当する主任児童委員として，保育園や学校などの関係機関と連携・協力して子どもと家庭の支援を行う。活動例として，地域の子育て広場の運営・協力，乳児教室への協力，学校，保育園等と連携した児童の見守り，児童虐待の早期発見に向けた見守りや啓発，地域の子育て世帯への情報提供などを行う。

## （3）　家庭訪問保育（ベビーシッター）

家庭訪問保育は，保育者が子どもの家庭を訪問して行う保育サービスの総称である。
### ①　ベビーシッターの歴史
家庭訪問保育は，従来はベビーシッター事業などとよばれ，1980年代の後半から民間事業者により提供されるようになった。集団保育では対応が難しい時間帯や個別対応が必要な家庭で利用が広がった。
### ②　家庭訪問保育の事業化
2015（平成27）年子ども・子育て支援新制度において，家庭訪問保育は新たな認可事業として子ども地域型居宅訪問型保育事業として公的給付の対象となった。
### ③　種　別
従来の民間事業者による事業は一般型家庭訪問保育，制度上の家庭訪問保育は，居宅訪問型保育事業，一時預かり事業，病児保育事業，延長保育事業，企業主導型ベビーシッター利用者支援事業として整備された。制度上の家庭訪問保育は，市町村の規定に従ってサービスが提供される。

# 5章　子育て家庭に対する支援体制と多様な支援の展開

目標：本章では，様々な子育て支援のための施策が実践現場では，実際どのように支援されているかを理解する。エンゼルプランから子ども・子育て支援制度の流れについて学び，認定こども園や保育所，児童養護施設や乳児院などで保育者たちが子育て家庭に対して，どのような援助をしているのかepisodeを読み込みながら理解を深める。

## SECTION 1　子育て支援施策・次世代育成支援施策の推進

> **episode**　5-1　子育てに不安を感じている家庭
>
> 　Ａは最近この市に引っ越してきたばかりである。これまで住んでいた地域から離れ，頼れる人がまったくいない場所で新たに生活を始めた。Ａには6か月になる男の子がいる。子育てに不安を感じており，いずれは仕事もしたいと考えているが，子育てに関してどのようなサービスや制度が利用できるのか，どこに相談できるのか，誰に相談すればよいのかがわからず困っている。

　　　　　　＊　　　＊　　　＊　　　＊　　　＊

### 1　社会化される家庭機能

#### （1）　一人の人間として

　わが国の子どもに関する法律の多くは子どもの年齢を0～18歳までと定義している。子どもは生まれたときから親や養育者などによって育てられ，守られるべき存在である。子どもも人間としての権利を有しているということを理解し，子どもと関わりをもつことが求められる。しかし，時や場合によって人間としての基本的人権を無視した行為がみられることがある。

　episode5-1の母親は子育てに不安を抱えており，子育て支援の情報も入手できていない。保育者には保護者への子育て支援が求められている。適切な支援を行うために，保育者は子育て支援施策についての理解を深めておくことが必要である。

#### （2）　子どもの権利

　子どもが生きていくうえで守られる権利について定めているのが1989年に国際連合が採択した児童の権利に関する条約（通称：子どもの権利条約）である（1章 p.9参照）。この条約は全文と54条で構成されている。日本はこの条約に1994年に批准し，子どもの権利を保障している。ユニセフによれば，ここで定められている権利は大きく4つある。

① **生きる権利**　住む場所や食べ物があり，医療を受けられるなど，命が守られること。

② **育つ権利**　勉強したり遊んだりして，もって生まれた能力を十分に伸ばしながら成長できること。

③ **守られる権利**　紛争に巻きこまれず，難民になったら保護され，暴力や搾取，有害な労働などから守られること。

④　**参加する権利**　自由に意見を表したり，団体をつくったりできること。

　この条約の中で第3条は「子どもの最善の利益」の保障を掲げている。子どもにとって何が一番最善なのか，その子にとって最もよいことは何かを考えて様々なことが行われることが基本となる。特に保育士は「全国保育士倫理綱領」にもあるように，子どもの最善の利益を尊重しなければならない。また，子どもへの保育だけではなく，子どもの家庭へ支援を行う際にも「子どもの最善の利益」を考慮して支援することが必要である。

## 2　エンゼルプランと子育て支援施策

### （1）　エンゼルプラン

　わが国の出生数は第一次ベビーブーム（1947〜49年）におよそ270万人の最高出生数を記録し，そこから少しずつ低下していき，2005年には，それまでの過去最低のおよそ106万人の出生数を記録した。少子化の問題が注目されるようになったのは1900年代に入ってからである。1989（平成元）年に1.57ショックを記録し，少子化問題に取組むようになった。1994（平成6）年12月に文部・厚生・労働・建設省の4大臣（当時）に合意により「今後の子育て支援のための施策の基本的方向について（エンゼルプラン）」が策定された。エンゼルプランは，今後おおむね10年間を目安として取組むべき基本的方向と重点が定められている。子育て支援のための施策の基本的方向として，①子育てと仕事の両立支援の推進，②家庭における子育て支援，③子育てのための住宅および生活環境の整備，④ゆとりのある教育の実現と健全育成の推進，⑤子育てコストの削減が示された。

　エンゼルプランを実施するため，保育の量的拡大や保育の充実（延長保育や低年齢児保育，一時保育等），地域子育て支援センターの整備等を図るために「緊急保育対策等5か年事業」が策定された。「緊急保育対策等5か年事業」では，1999年度を目標に具体的な数値を示し，プランが推進された。

### （2）　新エンゼルプランと次世代育成支援対策推進法の成立

　エンゼルプランをひき継ぐ形で1999年12月「少子化対策推進基本方針」が少子化対策推進関係閣僚会議において決定され，この方針に基づき「重点的に推進すべき少子化対策の具体的実施計画について（新エンゼルプラン）」が策定された。新エンゼルプランは2000〜2004年度までの5か年で計画されていた。主な内容としては，①保育サービス等子育て支援サービスの充実，②仕事と子育ての両立のための雇用環境の整備，③働き方についての固定的な性別役割分業や職場優先の企業風土の是正，④母子保健医療体制の整備，⑤地域で子どもを育てる教育環境の整備，⑥子どもたちがのびのび育つ教育環境の実現，⑦教育に伴う経済的負担の軽減，⑧住まいづくりやまちづくりによる子育て支援である。

　新エンゼルプランを2004年度まで実施したが，少子化は止まることなく進み続け出生数も減っていた。そのため，2003年7月に「次世代育成支援対策推進法」が制定され

た。この法律は少子化の流れを止めるために，次世代育成支援を進め，社会が一体となって子育てを支援していくことを基本的な考えとして示している。また，本法律は2003年に制定されたが，2005年度から10年間の時限立法\*である。「次世代育成支援対策推進法」では，地方公共団体には行動計画策定を5年ごとに義務づけており，企業にも一般事業主行動計画の策定が義務づけられた。

　　＊時限立法：一時的な事態に対応するため，有効期間を限定した法律

　2014年1月，年度末で期限が終了するため期限を延長し，内容をさらに充実させる法案が国会にて提出され，成立した。よって，新たな期限として2025年3月31日まで10年間延長となった。


（3）　次世代育成支援行動計画の内容

　「次世代育成支援対策推進法」において当初，301人以上の労働者を常時雇用する企業は「一般事業主行動計画」を策定し，都道府県労働局に提出することが義務づけられ，300人以下の企業は努力義務とされていた。

　2014年の法改正により，常時雇用する労働者が101人以上の企業は行動計画を策定し，都道府県労働局に提出することが義務づけられた。100人以下の企業に関しては努力義務となっている。法律に基づいて自社の現状や従業員のニーズを把握し，仕事と子育ての両立が図れるよう環境を整備し，子育てをしていない社員も含めて働き方の見直し等に取り組んでいく。きちんと計画期間を定め，目標を設定し，目標を達成するための対策を立て実施していく。

　この一般事業主行動計画を作成した企業のうち，その計画で定めた目標を達成し，一定の基準を満たした企業は自らが申請を行うことで「子育てサポート企業」として厚生労働大臣の認定を受けることができる。その認定を受けたと証明できるものが「くるみんマーク」である（図5-1）。

図5-1　くるみんマーク　　　　　　　　　　出典：厚生労働省ホームページ

　また，2015年よりすでに「くるみんマーク」の認定を受けている企業が継続的に取組みを行い，さらに高い水準での取組みを実施するなどしている企業は新たに「プラチナくるみんマーク」をもらうことができる。この「プラチナくるみんマーク」は企業の広告として提示することができ，社会に自社の取組みを公表しアピールすることができる。2021年4月に「くるみんマーク」認定と「プラチナくるみんマーク」認定の基準が引き上げられた。それに伴い，新たに「トライくるみん認定」が創設された。この「トライくるみん認定」は基準が上げられる前の「くるみんマーク」の認定基準と同じである。

地方公共団体においては「市町村行動計画」，および「都道府県行動計画」を策定しなければならない。「行動計画策定指針（概要）」に市町村行動計画，および都道府県行動計画の内容に関する事項が示されており，①地域における子育ての支援，②母性並びに乳児，および幼児等の健康の確保，および増進，③子どもの心身の健やかな成長に資する教育環境の整備，④子育てを支援する生活環境の整備，⑤職業生活と家庭生活との両立の推進，⑥子ども等の安全の確保，⑦要保護児童への対応などきめ細かな取組みの推進の7項目が掲げられている。

**（4）　児童福祉法改正と次世代育成支援体制の整備と児童相談体制強化**

これまで児童福祉法の改正は幾度も行われてきた。ここ近年の児童福祉法改正に関しては児童虐待防止対策等の強化を目指した改正の内容が多くみられている。2019年に成立した児童福祉法改正では，①児童の権利擁護（体罰の禁止等），②市町村および児童相談所の体制強化等，③児童相談所の設置促進，④関係機関間の連携強化について定められている。

2021年度の児童虐待相談対応件数は207,659件で過去最多を更新した。子育てに困難を抱える世帯が多く，子育て世帯に対する包括的な支援を行うための体制を強化することを目的に2022年6月に児童福祉法の一部が改正された。2024年4月1日より施行される。改正の内容は以下の通りである。

①　子育て世帯に対する包括的な支援のための体制強化および事業の拡充
②　一時保護所，および児童相談所による児童への処遇や支援，困難を抱える妊産婦等への支援の質の向上
③　社会的養育経験者・障害児入所施設の入所児童等に対する自立支援の強化
④　児童の意見聴取当の仕組みの整備
⑤　一時保護開始時の判断に関する司法審査の導入
⑥　子ども家庭福祉の実務者の専門性の向上
⑦　児童をわいせつ行為から守る環境整備等

特に①子育て世帯に対する包括的な支援のための体制強化，および事業の拡充では今回の改正により「こども家庭センター」を設置することになった。「こども家庭センター」は，これまで地域で子育て支援を行っていた「子育て包括支援センター」と「こども家庭総合拠点」を一体化したものである。保健分野と福祉分野の各機関の連携がうまくとれなかったため，一体化することで妊娠期からの支援が可能になり，様々な機関との連携もとりやすくなる。また，以下のように新たに3つの事業を新設し，これまでよりも多様なサービスを受けられるようになる。他に子育て短期支援事業や一時預かり事業においてもサービスの拡充が行われた。

①　子育て世帯訪問支援事業（訪問による生活の支援）
②　児童育成支援拠点事業（学校や家以外の子どもの居場所支援）
③　親子関係形成支援事業（親子関係の構築に向けた支援）

# 3 少子化対策の進展と子ども・子育て新制度

## （1） 少子化対策について

　　これまで国は，エンゼルプランを皮切りに様々な少子化に対する対策を講じてきた（図5-2）。しかし，ここまでみてきたように，それだけでは少子化を止めることはできていない。

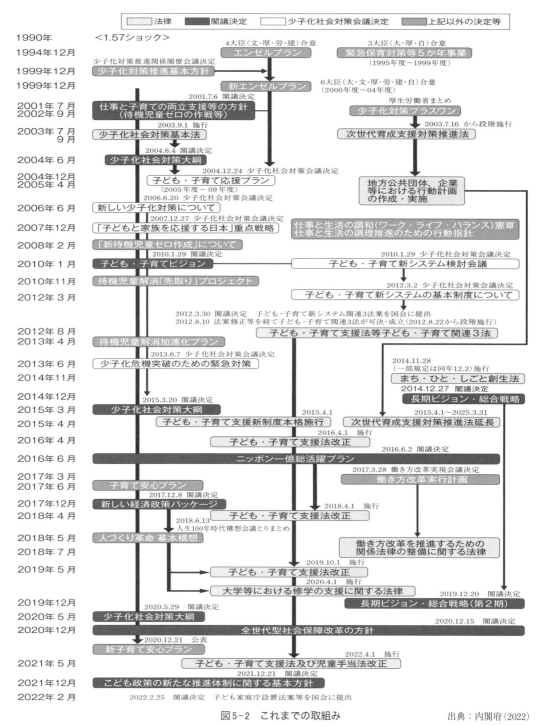

図5-2　これまでの取組み

出典：内閣府(2022)

2003年7月に少子化に対応するために「少子化社会対策基本法」が制定された。この法律は少子化に対応するための施策の指針として大綱を策定することを義務づけている。そこで2004年6月「少子化社会対策大綱」が策定された。この大綱では，3つの視点と4つの重点課題のもとに，28の具体的な行動を掲げ取組むものとしている。

　2004年12月に大綱に掲げた施策を推進するために「少子化社会対策大綱に基づく重点施策の具体的施策の実施計画について（子ども・子育て応援プラン）」を決定し，2005～2009年度までの5年間にと取組む具体的な施策内容と目標を掲げている。しかし，この「子ども・子育て応援プラン」が実施されているなか，2005年に合計特殊出生率が過去最低の1.26を記録した。止まることのない少子化に対し，さらに少子化対策を進めるために「新しい少子化対策について」を策定した。「新しい少子化対策について」では，すべての子育て家庭を支援するという視点に基づいて，妊娠・出産から大学生期に至るまでの子どもの成長に合わせた子育て支援策を進めた。

　2008年「新しい少子化社会対策大綱の案の作成方針について」を受け，2009年1月に「ゼロから考える少子化対策プロジェクト」において提言をまとめた。その後，2010年1月に少子化社会対策大綱に基づく新たな大綱（子ども・子育てビジョン）を決定した。

　このビジョンは「社会全体で子育てを支える」，「『希望』がかなえられる」の2つを基本的な考え方とし，「目指すべき社会への政策4本柱」と「12の主要政策」に従い取組みを

図5-3　子ども・子育て支援新制度の概要　　　　　出典：内閣府（2022）

進めた。この子ども・子育てビジョンの決定に伴い，「子ども・子育て新システム検討会議」が発足し，検討が始められた。2012年に「子ども・子育て支援法等の3法案」を国会に提出し，成立した。

　2015年4月に「子ども子育て関連3法」に基づき，「子ども・子育て支援新制度」が施行された（図5-3）。「子ども・子育て関連3法」とは「子ども・子育て支援法」，「認定こども園法の一部改正」，「子ども・子育て支援法，および認定こども園法の一部改正法の施行に伴う関係法律の整備等に関する法律」の3つを指す。この3法に基づいて行われる制度のことを「子ども・子育て支援新制度」（以下，「新制度」）という。

　新制度を実施するための財源として消費税引き上げによる増収分を活用する。

　「新制度」の主な内容は以下の3つである。

① 認定こども園，幼稚園，保育所を通じた共通の給付（「施設型給付」），および小規模保育等への給付（「地域型保育給付」）の創設

　新制度では，「施設型給付」，および「地域型保育給付」を創設し，認定こども園・幼稚園・保育所，および小規模保育等に対する財政支援の仕組みの共通化をした。「施設型給付」の支給を受ける場合，教育・保育を利用する子どもについて3つの認定区分を設けた（表5-1）。

表5-1　認定区分

| 認定区分 | 給付の内容 | 給付を受ける施設・事業 |
|---|---|---|
| 1号認定<br>満3歳以上の子どもで保育を必要としない場合 | 教育標準時間 | 幼稚園<br>認定こども園 |
| 2号認定<br>子どもが満3歳以上で家庭において必要な保育を受けることが困難である場合 | 保育短時間<br>保育標準時間 | 保育所<br>認定こども園 |
| 3号認定<br>満3歳未満で家庭において必要な保育を受けることが困難である場合 | 保育短時間<br>保育標準時間 | 保育所<br>認定こども園<br>小規模保育等 |

出典：内閣府（2022）

　この認定区分に応じて「施設型給付」を実施する。

　「地域型保育給付」は0〜2歳を対象とし，「小規模保育（利用定員6人以上19人以下）」，「家庭的保育（利用定員5人以下）」，「居宅訪問型保育（保育を必要とする家庭の自宅に訪問して保育を行う）」，「事業所内保育（主として従業員のほか，地域において保育を必要とする子どもにも保育を提供）」の4つがある。

② 認定こども園制度の改善

　幼保連携型認定こども園を学校および児童福祉施設として法的位置づけを単一のものとし，認可・指導監督を一本化した。

　財政支援に関しては，「施設型給付」の対象とした。

③ 地域の実情に応じた子ども・子育て支援の充実

　地域の子育ての相談や一時預かりなどを増やすなど，地域のニーズに応じた子育て支

援を充実させるために，以下の13事業を実施する。

① 利用者支援事業
② 地域子育て支援拠点事業
③ 妊婦健康診査
④ 乳児家庭全戸訪問事業
⑤ 養育支援訪問事業
⑥ 子育て短期支援事業
⑦ 子育て援助活動支援事業
　（ファミリー・サポート・センター事業）
⑧ 一時預かり事業
⑨ 延長保育事業
⑩ 病児保育事業
⑪ 放課後児童クラブ（放課後児童健全育成事業）
⑫ 実費徴収に係る補足給付を行う事業
⑬ 多様な事業者の参入促進・能力活用事業

　「子ども・子育てビジョン」が2015年3月までのため，2014年11月に「新たな少子化社会対策大綱策定のための検討会」を発足し，検討を始めた。そして2015年3月に新たな「少子化社会対策大綱」を決定した。5年間の取組みを行うものとし，主な施策としては，「子育て支援施策の一層の充実」，「若い年齢での結婚・出産の希望の実現」，「多子世帯へ一層の配慮」，「男女の働き方改革」，「地域の実情に即した取組強化」の5つを重点課題として取組んだ。

　新たな「少子化社会対策大綱」の策定から5年目となる2019年3月以降，「第4次少子化社会対策大綱策定のための検討会」を開催し，新たな大綱の策定に向けた議論を行ってきた。2020年5月に第4次となる新たな「少子化社会対策大綱」を決定した。第4次大綱は「希望出生率1.8」の実現のために「結婚・子育て世代が将来にわたる展望を掛ける環境をつくる」，「多様化する子育て家庭の様々なニーズに応える」，「地域の実情に応じたきめ細かな取組を進める」，「結婚，妊娠・出産，子ども・子育てに温かい社会をつくる」，「科学技術の成果など新たなリソースを積極的に活用する」の5つの基本的な考え方を示した。

　2020年12月に厚生労働省から「新子育て安心プラン」が公表された。このプランでは，2021年度から2024年度までの4年間で約14万人分の保育の受け皿を整備することを中心に，そのほかに「地域の特性に応じた支援」，「魅力向上を通じた保育士の確保」，「地域のあらゆる子育て資源の活用」を支援のポイントとし，取組んでいる。

## （2）　子育て支援施策の今後の方向性

　ここまで様々な少子化対策に取組んできたが，少子化の進行を止めることは，現在までできていない。そこで，子どもの視点に立ち，常に子どもの最善の利益を第一に考え，子どもに関した政策や取組みを国や社会の真ん中に据え（「こどもまんなか社会」），社会全体で子どもの健やかな成長を後押しするために，2022年6月に「こども家庭庁設置法」，「こども家庭庁設置法の施行に伴う関係法律の整備に関する法律案の概要」，「こども基本法」が成立し，新たな司令塔として「こども家庭庁」を創設した。これまで子どもに関係することは各省庁で別々に政策を実施してきたが，今後は「こども家庭庁」で一本化し，政策を進めていく。また，「異次元の少子化対策」が現在検討されており，今後，子育て世帯への支援が実施されていく。

# SECTION 2　多様な子ども家庭支援の内容と対象

🐰 episode　5-2　保育者の多様な課題を有する子ども・家族への支援の気づきと行動

　ある保育園で朝の登園時，年長組のMが「朝ごはん食べてこなかったんだ」と担任保護者Aに話をした。そこで，Aはお菓子を食べさせた。しかし，その翌日も，翌々日もそのMから同じ話が繰り返された。そこで，AはMの家庭に何か重大な問題が発生しているのではないかと園長に相談した。そして，園長はMの母親に声をかけ，母親の話をしっかり聴いた。母親（外国籍）は，日本語が苦手で，うまく近所づき合いができず，子育てにおいても悩んで悶々しているところに加え，家庭内でも夫（Mの父親）からMと共に暴力を受けていることを話した。そこで，園長は母親の了解を得て，すぐに児童相談所に通報した。その後，児童相談所において，M家族への対策のためのチームを各関係機関の連携のもとに組織し，園長もそのチームに参画し，対応が開始された。

＊　　　＊　　　＊　　　＊　　　＊

## 1　多様な支援の展開のための関係機関

　episode 5-2の園長は，児童相談所や配偶者暴力相談支援センターと情報共有しながら，Mの家庭の推移を見守ると共に，許容される範囲で保育園全職員に状況説明をし，Mが保育園で安心して過ごせるように様々な環境を整えていった。それと同時に，保育園職員にMの家庭に留まらず，今後保育園として理解しておかなければならない「社会の中の多様性」「子どもの育ちを支える家族・家庭の多様性」「子どもがもつ問題の多様性」について研修会を開催し，職員間で共通認識を得るよう働きかけている。

　このように保育者は，暴力（DV・虐待）だけではなく，それを中心にM家族が抱えるニーズ（問題・課題）について吟味したうえで多くの関係機関と連携し解決に向けて行動している。保育者が，直接に関わることは少ないが，状況に応じて，関係機関の従事者たちとチームを組み，支援を必要とする家族のニーズを明確にするため，アセスメントを行う。そして，そこで明確になったニーズをチームで共通認識し，ニーズを充足するため，役割分担に応じて，必要な支援を行っていく。

　episode 5-2のような事例においては，通常一保育者自身が役割を直接担うというよりは，チーム内での役割分担に応じて，園全体としてその役割を果たそうと行動する。

関係機関・専門職の例

| | | |
|---|---|---|
| ・福祉事務所（家庭児童相談室） | ・保育所，幼稚園・小学校・中学校等 | ・家庭裁判所 |
| ・市区町村の母子保健部門 | | ・配偶者暴力相談支援センターおよび婦人相談所（女性相談所・女性相談センター） |
| ・児童委員 | ・医療機関 | |
| ・児童家庭支援センター | ・警察 | |
| | ・弁護士 | ・民間虐待防止団体 |

出典：厚生労働省雇用均等・児童家庭局総務課『子ども虐待対応の手引き（平成25年8月改正版）』2013年を基に筆者作成

## 2　多様性のとらえ方

### （1）　多様性と共生社会の中の子ども

#### ①　社会の中の多様性

　わが国では，個人の尊厳が尊重され，様々な社会的属性（図5-4①〜③の多様性の例

参照）に関わらず，お互いの多様性を認め合い，すべての人が自分らしく暮らせる地域社会を築くことが希求されている。

　地域共生社会がさけばれるなか，地域で暮らしている人は，それぞれがかけがえのない存在として尊重されるべきである。人はそれぞれその人らしい生まれや歩んできた人生がある。そのなかで培われてきた価値観や行動様式は，多様であり，それに影響を与えている文化や背景もまた多様である。現実にLGBTQに関することで差別を受け，高校卒業当時大学生になる希望を親からも高校からも絶たれて，社会で20数年苦労を積み重ねた現在，通信制の大学で大学生として学ぶ喜びを味わっている人がいる。

② 　子どもの育ちを支える家族・家庭の多様化

　今日の家族形態を鑑みると，とても多様化していることがわかる。一般には，昭和前半においては，三世代同居が目立っていたが，その後，社会構造の変化などにより，家族の主要形態は，夫婦と子どもからなる核家族へと変化していった。さらには，晩婚化や未婚化，離婚や再婚などライフスタイルの変化からさらに家族形態も変化していった。厚生労働省の「国民生活基礎調査」をみても，ひとり親家庭（いわゆるシングルマザー・シングルファザー）が増えてきていることがわかる。保育士は，担当する子どもたちの家庭の成り立ちにも十分に気を配り，保育活動をしなければならない。

　現実に外国籍をもっている配偶者がいるということで，本人には全く関係のない，同じ国籍をもつ者による犯罪報道と関連づけられ，近所から疎外され，偏見の眼で見られ，いたたまれず，家族員全員が自宅に閉じこもりがちになってしまっている家族がいる。

③ 　子どもがもつ問題の多様性（子ども全般）

　個人として子どもがもってしまう可能性のある問題も多様化しており，さらには潜在化している場合が多くあることを見逃してはならない。必ずしも問題が顕在化していないことにも注意を払う必要がある。例えば，児童虐待，いじめ，暴力・暴言，非行，外国籍，障害（身体・知的・精神・発達など），性的違和（LGBTQ・SOGIなど），不登校，ひきこもり，ヤングケアラー等々である。これらの問題についても保育者として，問題意識を強く持っておかなければならないだろう。

　現実に知的障害をもっていることでについて「あの子と一緒にいると"お利口さん"になれないから遊んじゃだめよ」と親たちにいわれた子どもたちから一緒に遊んでもらえない知的障害をもっている子どもがいる。

　以上のような視点を忘れずに認識しておきたい。なぜなら，わが国では，高齢化の中で人口減少が進行しているが，その反面，生活ニーズは多様化・複雑化しているからである。さらには，人口減による担い手不足や血縁・地縁といったつながりが弱まっている現状を踏まえ，人と人，人と社会がつながり支え合う取り組みが生まれやすい環境を整えるアプローチが求められているからである。

　そのなかで保育者として，日常的な保育活動（子どもやその親たちとの関わりなど）においても多様性を意識し，それに対して適切な対応を迫られる場面がこれまで以上に増えてくるであろう。

- 性別(性別，性自認，性的思考など)
- 年齢(年齢，世代)
- 国籍，民族，宗教(言語，慣習・文化，肌の色，少数民族など)
- 母語(父母のいずれかもしくは両方が日本語を母語としていない，帰国子女)
- 価値観
- 生き方
- ひとり親
- 貧　困
- 社会的養護(保護者がいない，保護者による監護が適切
  でない状況)
- 無戸籍
- 本人もしくは家族の一員が障害児(者)，要支援／介護者
  (きょうだい児，医療的ケア児，ヤングケアラー)
- 虐待被害経験
- 加害者／被害者家族

図5-4　①〜③の多様性の例

## 3　子どもの多様性とは

### (1)　多様性を尊重した保育

　保育者は，前述のような多様性をもち，かつ多様性がある環境の中で生きている子どもたちの子育て支援を行っている。一般に多様性というと，私たちには関係がないような意識に陥ることが少なくない。ただ，保育者の日々の保育活動の中で，子どもたちと関わっていると，「少し変わった子」と認識されてしまい，保育者が何らかの介入をしてしまうとクラスのなかで遠ざけられてしまう子どもがいることがある。その子どもは，例えば，発達障害や知的障害をもった子どもである。つまり，そこで，保育者は子どもの多様性を考えなければならない課題にぶつかる。すでに，日常の保育活動において，多様性の尊重を問われているのである。それゆえ，ここでは以下の詩を紹介したい。

　この詩は，知的障害児に関する作品であるが，知的障害の部分を様々なマイノリティの枠に当てはめられてしまう人々に置き換えて，この作品を読み込んでみるとおのずと多様性の尊重に重要性が認識できると思われる。この「思い」を保育者は，どのように実感として受け止め，子どもたちにいかにわかりやすく伝えていくのかが多様性を尊重した保育の土台になるではないかと考える。

> 「みんな　みんな　ぼくのともだち」
> からだがよわくても　ちえがおくれていても　ちえがおくれていても
> どんな子どもでも　みんなおなじ人間　うつくしい心をもった人間や
> そして　ぼくのともだちや

出典：福井達雨編『みんな　みんな　ぼくのともだち』偕成社2007年12月より

## （2）持続可能な社会をつくる保育

　持続可能な社会をつくる保育とは，言い換えれば，SDGs について保育園の子どもたちが発達段階に応じた方法で理解をしていくことであると考えたい。

　SDGs は，日本語でいえば「持続可能な開発目標」のことをいう。これは，2015（平成27）年 9 月の国連サミットにおいて全会一致で採択された誰一人取り残さない」持続可能で多様性と包摂性のある社会の実現のため，2030 年を年限とする 17 の国際目標のことをいう（表5-2）。

表5-2　SDGs の 17 目標リスト

| | |
|---|---|
| 1. 貧困をなくそう | 10. 人や国の不平等をなくそう |
| 2. 飢餓をゼロに | 11. 住み続けられるまちづくりを |
| 3. すべての人に健康と福祉を | 12. つくる責任つかう責任 |
| 4. 質の高い教育をみんなに | 13. 気候変動に具体的な対策を |
| 5. ジェンダー平等を実現しよう | 14. 海の豊かさを守ろう |
| 6. 安全な水とトイレを世界中に | 15. 陸の豊かさも守ろう |
| 7. エネルギーをみんなに　そしてクリーンに | 16. 平和と公正をすべての人に |
| 8. はたらきがいも経済成長も | 17. パートナーシップで目標を達成しよう |
| 9. 産業と技術革新の基盤をつくろう | |

出典：国連広報センターHP（2023 年 1 月 13 日閲覧）
https://www.unic.or.jp/activities/economic_social_development/sustainable_development/2030agenda/sdgs_logo/

　保育園では，SDGs の目標のすべてとはいわないが，取り組める目標をいくつか取り上げ，保育活動に SDGs を取り入れている。それは，絵本や紙芝居を活用したり，散歩などでいった自然の中で遊んだり，給食を共にすることなどである。一人ひとりの多様性を大切にするという取組みもふだんの保育活動の中で様々な工夫で展開できるだろう。その具体的にアイディアを数多く創出し，それらを実行していくことも保育者のかけがえのない専門性であるととらえたい。

## （3）この SECTION で改めて確認したいこと

　①　ふだんの保育の中で，一人ひとりが大事にされていると実感できる居心地のよさをつくる努力をしていかなければならない。

　②　それが多様性を尊重した保育，持続可能な社会をつくる保育を支える専門職としての原動力となる。

　プロの保育者として「一人ひとりが大事にされていると実感できる居心地のよさをつくる」ために，どのように行動すればよいのか，ここで具体的に自分の考え（想像＆創造）をまとめてほしい。

　③　考えるにあたって，現在社会で提唱されている SDGs や地域共生社会についての理解を深め，そのうえで，例えば「みんな　みんな　ぼくのともだち」の詩のもつ意味を日頃の保育実践に照らし合わせて考えてほしい。

　④　そして，日頃の保育実践に活かしてほしい。

# SECTION 3　保育所等を利用する子どもの家庭への支援

🐰 episode　5-3　園庭開放にきた親の悩みを聞く

　　保育所の園庭解放に遊びにきていた母親が少し疲れた表情で2歳になるMの様子を見ていた。園庭で遊んでいる子どもを見守っていた保育者Tは「こんにちは。保育者の田中です。お子さん，元気に遊んでいますね。」と声をかけると，母親は「元気過ぎて…もう反抗期というのでしょうか。いやいやが激しくてどうしたらいいのか〜。」と日頃の悩みを話し始めた。母親の話を聴いた後，Tは，これまで母親が懸命に子育てをしてきたことを労った。次にいやいやが自己主張の始まりで順調に発達している証拠であることを伝え，Mの気持ちを一度受けとめ，様子をみて，選択肢を与えてみたらどうかとアドバイスした。母親はほっとした表情に変わり，「私の子育てがわるいのかと思っていました。先生が提案してくださったこと，家でもやってみます。」と答えた。

＊　　　＊　　　＊　　　＊　　　＊

## 1　保育所を利用する要件

　　保育所は「保育を必要とする乳児・幼児を日々保護者の下から通わせて保育を行うことを目的とする施設」(児童福祉法第39条第1項) である。保育を必要とする理由によってその利用が決定されるため，保護者は市区町村の保育所に関わる部署に入所希望の申請書類を提出し，保育所利用の認定を受ける必要がある。

### （1）　保育を必要とする理由

　　保育を必要とする理由は以下の通りである。

就労，妊娠・出産，保護者の疾病・障害・同居または長期入院等している親の介護・看護，災害復旧，求職活動，就学，虐待やDVのおそれがあること。

育児休業取得中に既に保育を利用している子どもがいて継続利用が必要であること。

その他，上記に類する状態として市町村が認める場合

出典：内閣府・文部科学省・厚生労働省 (2016)

### （2）　保育所利用の認定

　　保育所の利用は保護者が市区町村へ申請し認定を受けて開始される。平成18年には保育・教育の機能をもち合わせた認定こども園の制度が始まり，その利用範囲が広がった。そのため図5-5のように保育が必要な理由がある場合は保育所のほか，認定こども園も利用できる。逆に保育が必要な理由がない場合でも，保育所内で地域の保護者に向けた子育て支援事業(例：一時預かり保育)を利用することができる。

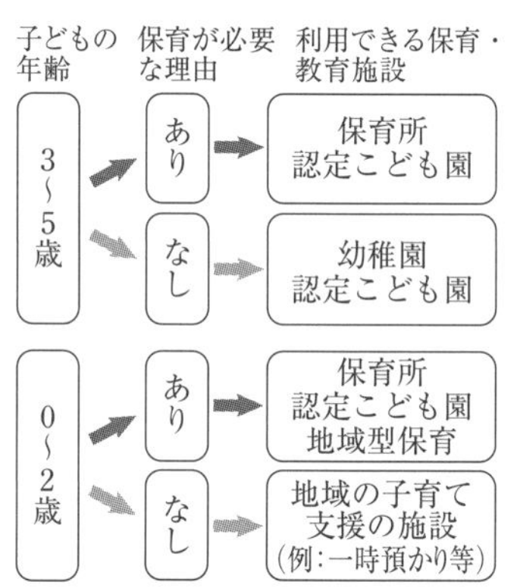

図5-5　保育が必要な理由の有無と利用できる保育・教育施設
出典：内閣府 (2016) p.5を参照して筆者が作成

## 2　保育所における子育て支援

　　保育所保育指針第4「子育て支援」には，「保護者が子どもの成長に気づき子育ての喜

びを感じられるように努めること」を基本的な事項とし，保育所の特性と保育の専門性を活かし支援していくことが記されている。よって保育者は，保護者との信頼関係を築き，子どもの姿やその成長を相互に伝え合い，子育てについて共同し考え合うことができるような関係を目指していく。

　支援の対象は，保育所を利用している保護者，および利用していない地域で生活する保護者の両方である。ここでは，保育所を利用している保護者に注目したい。

## （1）　子どもへの保育と子育て支援

　保護者が子どもを保育所に預けている間，保育所は子どもが安心・安全に過ごし，様々な遊びや活動を通して仲間と関わり合い，成長していくことを保障する。つまり子どもへの保育が子育て支援の中核であり，保護者が就労等と子育てを両立していくことを支援するということができる。

　保育者は日々の保育を土台に，保護者と直接関わり支援すると同時に，文書などを通じて間接的にも支援する。この2つの支援を縦横に活用し，保護者が子どもの成長に気づき子どもの発達を知ったり，自身の悩みを打ち明けたりしながら，安心して子育てができるように支えていくことである。

### ①　保護者と直接的に関わり支援する

　送迎時，保育者は保護者と子どもと挨拶を交わしながら両者の様子を観察する。例えば，保護者が子どもを預けにきたとき，子どもの体調を尋ねることをきっかけに，保護者の表情や声色，話の内容，態度から保護者自身の心身の状態や子どもとの関わりで問題になっていることなどを把握する。保護者の状況によっては，個別の配慮や支援を園内で検討することになる。子どもを迎えにきたときには，保護者に労いの言葉をかけ，園で子どもがどのように過ごしていたのかを伝えていく。労いの言葉は保護者にとって自身の努力を認めてもらうという意味をもち，日中の大変さを共感してもらうことで精神的な疲労が軽減されやすい。また，子どもがどのように園で過ごしていたのかを知ることによって，保護者は園の保育に対し安心感をもつことができる。また，家庭では見られない姿からも子どもの理解を深めることができる。送迎時は保護者と時間をかけて話をすることはできないが，保育者が一人ひとりの保護者に対して丁寧に接していくことを心がけていくことで，両者の間で信頼関係が築かれていくのである。

　保育参観は随時，保護者が希望したときに行われ，参観のための期間を設けることもある。参観の方法は子どもから少し離れて見る方法や保育に参加しながら見る方法に分かれている。いずれも保護者が家庭外でのわが子の姿や他の子どもの様子を知り，子どもの新たな側面を発見したり，発達への理解を深めたりする機会になっている。さらに，保育者による子どもへの言葉がけやはたらきかけを実際に見ることで，家庭における子どもとの関わりの参考になる。また，参観時の子どもや保育の様子を保育者と保護者が語り合うことで，相互理解を深めるチャンスでもある。

　保護者会は園から発信し開催されることが多い。近年，保護者の就労状況などにより，

園に一同が会すことが難しくなってきており，その代わりにビデオ通信（例：Zoom など）を使って保護者会を開催するところもある。保護者会の基本的な目的は，園と保護者との相互理解を促し，子育てを共同し考え合う関係をつくることである。また，保護者同士が日頃の子育てなどに関する悩みを共有し情報交換する関係をつくることにも寄与している。

　個別面談は園から設定することもあれば，保護者の希望に応じて行われることもある。園から設定する場合，日頃の子どもの様子やその変化，発達の課題などを伝え，家庭での様子，保護者の状況も丁寧に聴きとっていく。通常，送迎時には，て保護者と余裕をもって話し合えないので，個別面談は時間をかけて保護者とやりとりし，互いを知り理解し合う機会となる。また，保護者と話をするなかで出てきた悩みや問題について一緒に考え，保育の専門性に基づいた助言を行う。

② 　保護者へ間接的に子育てを支援する方法

　連絡帳は双方向の書面でのやりとりである。保育者から園での出来事や子どもの成長への喜びを伝えることもあれば，保護者も家庭での出来事や悩んでいること，うれしく思ったことなどが書き連ねられることもある。保育者から子どものことを伝える場合には，より具体的なエピソードを取り上げることで，それを読んだ保護者はわが子を丁寧に見てくれていることを実感し，保育者への安心や信頼を抱くようになる。逆に，保護者にとっては家庭での出来事やそれにまつわる自分の悩みなどを文字にして書くことで，考えや感情を整理するといった作用もはたらく。保育者はこうした保護者の思いを文面から受け取り，応答しながら，個別に対応が必要かどうかを見きわめていく。

　園（クラス）だよりは園の保育方針や目標，具体的な子どもの様子を伝えるお便りである。子どもの発達について解説を掲載することもあり，保護者の子ども理解を支援する大切な情報媒体となる。そのほかにも，行事の取り組みや家庭で準備するものなどの連絡事項や子育てで悩みやすいトピック（例えば，トイレットトレーニング・食事・家庭でできる遊びの紹介など）に関して情報提供される。これらの情報は，家庭における会話の材料になり，保護者と子どもとの関係性を支える一助になる。用紙やメールなどを通して保護者に配布される。

　ドキュメンテーションは，もともとイタリアのレッジョエミリアにおける保育記録の方法で，子どもが遊びに参加している写真などを用紙に貼ったものに，子どもの言葉や保育者のコメントをつけ加える。それを廊下などに貼りだすことで，保護者は自由に見ることができ，日々の子どもの様子や思い，成長，保育者が子どもをどのようなまなざしで見ているのかを知るツールになっている。

　動画配信などの ICT 技術を使い，子どもの生活や活動の様子を保護者が見ることができる園もある。保護者が来園して保育参観ができないことも多く，園での様子を知ってもらう機会を柔軟に設定できるというメリットがある。

## （2） 保護者の状況に配慮した支援

　保護者が置かれている状況はそれぞれ異なっており，保育所では個々のニーズに応じた配慮がなされている。

### ①　延長保育・休日保育・病児保育

　保護者の就労などの状況によって，通常の保育時間外に保育する延長保育・休日保育・病児保育（病児病後児対応型・体調不良型・訪問型）がある。

　延長保育は1日の設定された通常保育の時間を超える場合に提供される保育のことをいう。保護者が朝，どうしても早くに子どもを預ける必要があったり，仕事の関係で決まった時間に子どもを迎えに来られなかったりする場合に利用される。

　休日保育は，保護者が就労等で日曜祝日に家庭で子どもを見ることができない場合に行われる保育である。市町村の一部の園で担っている。

　保育所における病児保育は，保育中に微熱などの体調不良になった子どもを対象にしており（体調不良型），保育所内にある衛生面に配慮した医務室や空きスペースで実施される。対象児の安静を確保し，看護師が病状を確認しながら，保護者が迎えにくるまで保育する。なお，病児病後児対応型の病児保育は，専用のスペースや職員配置を必要とするため，在籍する園での保育が難しい場合がある。そのときには，保護者が病児病後児対応の病院・保育所に申し込むことで利用することができる。

### ②　保護者や家族の状況に応じた個別の支援

　通常，保育所では，保護者や家族の状況に応じて個別の支援を行っている。ここでは，保育所保育指針（「第4章子育て支援　2保育所を利用している保護者に対する子育て支援(2)保護者の状況に配慮した個別の支援(3)不適切な養育等が疑われる家庭への支援」）の記載に基づき，障害や発達障害等の子どもを育てる保護者，外国にルーツがある保護者，子育て不安や養育困難にある保護者について取り上げる。

　障害や発達障害，それが疑われる子どもを育てるなかで，保護者が悩むことは多い。保育者はその話を聴きながら一緒に何ができるのかを考えていく。すでに療育機関などの専門機関に通っている場合には，そこで親子を支援している専門家と保育者が保護者を通じて連携し，園でできる工夫を見つけ出していく。専門機関に通っていない場合には必要に応じて保護者に紹介していくことも子育てを支援することにつながる。2022年9月には「医療ケア児およびその家族に対する支援に関する法律」が施行され，保育所においても医療ケア児の入園や園での生活を保障することが推進されている。医療ケア児が安心・安全に園で生活できるように配慮され，園の仲間と共に過ごすことで家庭では見られない姿が生まれてくる。それが保護者にとって子育てへの喜びとなり，それが支援にもなっていく。

　外国にルーツがある保護者の場合，文化や風習の違いによって，日本で当然視されていることと異なっていることがある（例えば，喉の渇きを潤すためにお茶ではなく水を飲むなど）。それが子どもへの保育と関わって課題が出てきたときには，保護者と丁寧にやりとりし，園での方針を伝えつつ，どのような配慮が可能なのかを一緒に探ってい

く。ただし，保護者が日本語に精通しているとは限らないため，意思疎通がうまく図れないことがある。その際，翻訳機（ポケトーク）や通訳ボランティアなどを活用することができる。近年では，園（クラス）だよりやドキュメンテーションも多言語になっているところが出てきた。また，多言語翻訳機能がついたWeb連絡帳（例：E-Traノート）が，外国人が多く住む地域の小・中学校で使われるようになっており，今後，保育の場でも活用されることが期待される。

　保護者から子育て不安や養育困難の訴えがあった場合には，丁寧に話を聴きとり，園で配慮できることを検討し，必要があれば市町村の関係機関を紹介し相談を勧める。保育所も含め地域でその家庭を見守っていくためにも，関係機関と連携しそれぞれの対応を協議していく。また，虐待の疑いがあれば，子どもも保護者も適切な支援を速やかに受けられるように，児童相談所などに連絡していく。

### 3　子育て支援機関としての保育所の役割

　保育所における子育て支援の対象は，保育所を利用していない地域で生活する保護者も対象としている。核家族化と少子化が進み，子育てを行うにあたって周囲に頼れる家族もいなければ，同じような年齢の子どもを育てる親との出会いもきわめて少なくなってきた。そのため子育てをするにも，子どもの成長過程がわからずに何をどうしていいのかがわからない，インターネットや雑誌で調べても矛盾するような情報が掲載されていて，戸惑ってしまう，と悩む保護者は多い。保育所はそのような保護者の子育ての悩みとニーズを受けとめ支援することが保育所保育指針に位置づけられている。保育所と同じ敷地内に地域の親子が利用できる子育て支援施設を併設するところも増え，様々な支援を提供している（図5-6）。ここでは保育所や併設されている子育て支援施設で展開される支援のうち代表的なものを取りあげて特徴を示す。

図5-6　認定こども園に併設される子育て支援センター

資料提供：とりやまこども園

### （1）　一時預かり保育

　保育所を利用していない家庭の子どもを対象に，時間単位で預かる保育を一時預かり保育という。主に保護者が突発的な事情（例：保護者のけが・病気・事故，家族の看護・冠婚葬祭など）や社会参加（例：労働・職業訓練など）のために，家庭での保育が一時的に困難な場合や保護者自身が自分の時間をづくり精神的にリフレッシュを図る場合に利用される。

## （2） 園庭開放，子育てひろば

園庭開放は指定した時間に親子が園庭で自由に遊ぶ機会を提供することをいう。保育所に通う子どもと一緒に遊ぶことができるほか，園庭開放にきた保護者同士も交流できる場となっている。特に初めての子どもで気軽に相談できる相手がいない場合，子どもとの関わりに悩む保護者は多い。特にepisode 5-3では，子どものいやいや期にどの

図5-7　子育て支援センター発行のセンターだより

資料提供：とりやま・こども園

ように関わるかに悩んでいた母親が，保育者Tに話を聴いてもらい，アドバイスを受けることで，安心した表情を見せ，自宅でも保育者がアドバイスしたことを試してみようという気持ちになっていた。このように保護者の話をその場にいる保育者が聴き，子どもの発達の見通しを伝え，関わり方を助言することで，保護者の悩みを軽減することができる。

さらに，園庭だけでなく保育室の一室や保育所に併設された施設を活用し，室内での遊びを保障するところもあり，一般に子育て広場とよばれている。家庭保育を主とする同じような年齢の子どもたちが出会い交流する場であり，その保護者たちの関係づくりにも寄与する。保護者同士で子育てについて語り，アドバイスし合ったり，地域の子育てなどに関わる情報交換が保護者の支えになっていく（図5-7）。

## （3） 子育て関連講座

保育所の職員がその専門性に基づいて，保護者に向け子育てに関する講話や懇談会を開く。例えば，離乳食のつくり方，トイレットトレーニング，子どものいやいやへの対応，言葉の発達等，保護者が家庭保育を進めていくなかで戸惑ったり，対応に困ってしまうこと等を題材にし，保護者が子育てへの見通しや具体的な子どもへの関わり方を見つけていくことを支援する。その他にも，絵本の選び方や発達に応じた遊びなど，子どもとの関わりを豊かにするものも提供し，保護者が子育ての楽しさを感じられるような工夫もされている。

## （4） 個別の悩み・相談

保育所を利用していなくても，保護者が子育てに関わった悩みや相談したいことがあれば，個別に保育者と相談することもできる。保護者が電話で個別に相談を申し込むほか，一時預かり保育，園庭開放・子育て広場，子育て関連講座で訴えがあった場合には，その場にいる保育者が保護者に促すこともある。保護者の相談内容によって，保育所内で解決が難しいときは，関係機関を保護者へ紹介したりなどの連携をとっていく。

# SECTION 4 市区町村における地域子育て支援

**1** 子育て家庭への支援としての保育所の在り方

episode 5-4 在宅子育て家庭との出会い

　一時保育の申し込みにきた親子（2歳，0歳，母親）。2歳の長男Mくんは玄関に入るなり走り出し，絵本のコーナーで本を棚からどんどん引き出している。母親は強く「ダメよ！」と声かけするが，下の子のぐずる様子に気をとられてしまい，思うように伝わらないようだ。母親は痩せており，青白い顔色でたいそう疲れているようにみえる。手続きのための面接をしようと，親子を相談室に案内する用意している間に母親がちょっとすみません，と，入り口の絵本のコーナーで2人目の子の授乳をはじめた。子どもの上着やリュック，赤ちゃんの抱っこ紐など，荷物はあちこちに散乱しているが気に留めていない様子だ。保育者Aはあわてて2歳の子を見守りに入った。Aが頃合いを見計らって見に行ったところ，母親は授乳しながら，うつらうつらしている。どう声かけしてよいものか，困ってしまった。

＊　　　＊　　　＊　　　＊　　　＊

## （1）　一時保育を入り口とした保育所の子育て支援

　近代社会において，子育ては家庭内で行われるものであり，核家族化が進んだ高度成長期には家庭での子育てはもっぱら母親が担っていたのが現状だった。児童の養育は「親の第一義的責任」であると児童福祉法にもうたわれているが，社会の変化，家族のありようが多様化する中，子育てを社会で支えていくという考えのもと，親が養育責任を果たせるよう，支援する必要性が求められている。保育所が家庭で子育てされている子どもとその保護者に関わる際に入り口となるのが「一時保育」である。episode 5-4は，第2子を出産して間もない母親が上の子の一時保育の申し込みにきたときの様子である。子どもへの声かけもうまくいっていない中，下の子の授乳をしながら眠り込み，相当疲れているようだ。2歳の子どもを一時預かることで，以下のような効果が考えられる。

① 　子どもの生活リズムが整い，子ども自身の体験が豊かになる。保育者や他の子どもたちとの関係性のなかで子ども自身を理解してくれる人が増え，セーフティーネットがつくられていく。

② 　母親は産後の養生ができ，精神的安定を得られ，保育士のサポートや助言を得て，二人を育てていく自信をつけていくことができる。

　園としての親との関わりを深め，親の社会的な視野を広げるためのアイディアはどんなものがあるだろうか。

① 　支援者は，来所してくれたことに感謝と敬意を払う。一時保育を受けつけ，短い時間でも，子どもと遊びを通じて子どもを理解し，信頼関係をつくる。子どもの成長や他者との関わりなどの場面を肯定的に捉え，保護者に伝えることも重要な支援になる。

② 　来所の際には丁寧に母とも関わっていくことが大切である。預けたい理由，家族構成や家族の手助けの状況，母親の体調，育児負担がどのような状況かを日常的な関わりの中で聞きとる。誰かに気持ちを話すだけでも，ほっとした気持ちになることもある。ここまでの育児をよくやってきたことへのねぎらいを添える。

（2） 保育所の子育て支援を利用する親子の背景

　園では，子育て家庭への支援として，地域の親子対象のプログラムや一時保育を実施している。episode 5-4 に登場するような親子の背景に着目してみよう。

　この母親は，第二子出産と同時にこの街に引っ越してきたばかりで，地域のことはよくわからない。買い物や子どもがよくかかる医療機関についても聞いてみたいだろう。

　互いに子どもを見合ったり，預け合うような子育て仲間がなかなかつくりにくいまま，夫の転勤で引っ越したため，地域では孤立している。

　産後で体調の回復が思わしくないなか，上の子どもの相手をしているのは大変そうだ。上の子どもを預けて休むことも必要ではないか。


（3） 地域で暮らす親子が関わる機関

　園の一時預かり以外に，地域交流事業への参加により仲間づくりができる。ファミリーサポートセンター事業や地域子育て支援拠点事業といった市町村の地域子育て支援事業へのつなぎも期待できる。母親の注意が散漫気味な様子や，顔色がわるく寝不足も見受けられる。もともとの発達特性のある方かもしれない。産後うつの可能性も鑑み，産後ケア事業が受けられないか。地区の担当保健師との連携も必要に感じる。ゆるやかにサポートしながら子どもたちの成長や子どものいる暮らしを支えるためには，利用者支援事業基本型の利用者支援専門員の伴走があると安心だ。

　地域で乳幼児をもつ親子に関わっている人たち(社会資源)には，以下のような人々が考えられる。
① 専門職・専門機関：地区担当保健師，栄養士，産院，小児科，皮膚科，耳鼻咽喉科，歯科，メンタルクリニックなど。
② 地域のフォーマル・インフォーマルな支援者：地域の民生児童委員，主任児童委員，町会・自治会関係者など。
③ 2歳の子がのびのび外遊びできる機会，こども主体の場の紹介：プレーパーク，外遊びのサークル，親子体操グループなど。
④ 児童館や子育て支援センター，子育てひろばなど，いつでも行ける場所
⑤ 図書館でのお話会ボランティアは地域の方が多く，生活のシーンで出会えるなど。


## 2　地域にある子育て支援と保育所の連携

**episode** 5-5　サービスを介して親子をサポートする

　一時保育を希望して来所した親子だが，希望日は，すでに予約が入っていて，受付けることができなかった。また，登録には保険証や乳児医療証のコピーなども必要だ。その日が空いていないこと，書類を整えて再度きて欲しいことを伝えると「そうですか」と帰っていった。
　一時保育の担当保育者は，子ども二人をつれて帰っていく母親の後ろ姿をみながら「これでよかったのだろうか」と自問した。

＊　　　＊　　　＊　　　＊　　　＊

（1） 必要な手続きとサービス以外の情報提供の必要性

　何か必要なサービスを受ける際には，あらかじめ登録や申請が必要な「申請主義」の日本では，今日思い立って預かって欲しくてSOSをだしても，登録から手順を踏んだ手続きが必要になることが多い。場合によっては身分証明書など必要書類がないと次の手続きに進めない。産後の体調が整わないなか，24時間で乳児の世話をしていて，やっとの思いで足を運んだところ「書類をそろえてまた来てください」といわれたら，次にまた出直すには，とてもエネルギーがいることだ。

　あなたの日常生活のなかで，手続きが必要なことに注目してみよう。定期券の購入，図書館の本の借り方，パスポートの申請など。日本の言葉がわかりにくかったり，小さな子どもがいて出向いて手続きが大変だったり，車いすなどハンディを抱えて行動する方にとってそれは簡単なことではない。受付や説明業務を担当することになった場合には，ルールを変えたりすることは難しくても，その大変さを「想像」して寄り添いながら言葉がけするなどは大切なことである。希望した日時が空いているか，空いていないかといったことに「回答」し，手続きとしては間違いなく行った。しかし，それだけでよかったのだろうか。園として「今日」この親子にできることはたくさんある。

　例えば，一時保育の説明をしている間に子どもと関わり，たっぷりと遊ぶ時間を提供できる。同時に子どもの観察もできる。普段からそのような状況の場合に別の保育者が協力することをあらかじめ想定しておく。第2子の授乳に際して安心して過ごせる部屋を提供し，場合によっては少し休めるよう準備しておく。その後の説明の場面で，丁寧に面談し，今の状況を詳しく聴きとりながら，「一時保育」以外の社会資源を提案することもできる。

　情報収集可能な社会資源とその提供について，次の方法が考えられる。

① 行政が発行するガイドの閲覧

　地域子育て支援事業（13事業）について紹介する。

　ファミリーサポートセンター，地域子育て支援拠点，一時預かりの制度，産後ケア事業など。

② 地域で活動のある社会資源についての情報

　地域の助け合いのなかで行われているサポートやその手続き方法

　　図書館などで実施されているボランティア団体によるお話し会，当事者のサークル，外遊びグループ，親子体操，社会福祉協議会に登録しているサロンなど。

　　特に申し込みが不要なプログラムは，敷居が低く，出向きやすい。地域のなかにつながりや知り合いが増えるような「つなぎ」を考える。あなたの住んでいる自治体ではどのような活動やサービスが存在するだろうか。調べてみよう。

③ 園からの情報提供：園の玄関に情報コーナーを設置

　見学や申し込みなどで来所した親子が地域の情報を手に取れるような工夫をこらすことはできないか。

地域のグループやサークルに頼んで，毎月のカレンダーなど，定期的に情報を届けてもらう。どんな活動なのか，どんな人たちが運営しているのかを説明できるよう，日ごろから活動内容を聞いて情報収集しておく。

家事援助や宅配など，暮らしのサポート情報は，買い物や家事が思うようにできない状況の保護者が助かる。

地域の祭りや行事は，その地域になじむために大切だ。地元密着の情報が自然と園に集まってくるようなしかけが必要である。

図5-8　園の情報コーナー

④　自分で情報にたどりつくようなヒントを示す

「情報そのもの」だけでなく，その探し方を伝える。在園の保護者に協力してもらい地域のマップを園に張り出して，おすすめの場所や情報を付箋で貼ってもらうなど，当事者の助け合いを組み込むことでコミュニケーションも活発になる。

⑤　アクセスフリーの情報収集場所：門の外やホームページからも発信

自分の周りで手に取れる情報がある，「情報コーナー」が充実していると思える場所を探してみよう。情報がたくさんあるだけでなく，手にとりやすい工夫，ジャンルやテーマに分かれている配架，ターゲットに届くような展示などチェックしてみよう。図書館や男女共同参画センター，ボランティアセンター，駅や町中の掲示版，劇場やライブハウスなどにもヒントがたくさんあふれている。楽しいpopがついている本屋なども多いに参考になる。ただし，記録のために写真を撮る場合には，許可を得る必要がある。

### 3　子育て支援を発揮できる地域の力

**episode**　5-6　地域の見守りにつなぐ

七夕が近づいた初夏のある日，園に電話が入った。「七夕の笹はどこで買えるか教えてほしい」。園がある地域では，自宅や近所の民家にいくらでも笹が取れる場所があり，逆に七夕の笹を売っているところはみたことがない。不思議に思って事情を聴くと，引っ越してきたばかりで，その地域には誰も知り合いはなく，住まいも集合住宅で，家に笹がとれる場所があるわけではなかった。園で笹をわけることもできなくはなかったが，その方の地域をきいて，あえて近所の民生児童委員を紹介した。

民生児童委員は，さっそく家を訪ねて，近くの笹を分けてくれる家を一緒に訪問してくれた。地域の方も，近所に赤ちゃんがいることを喜び，二つ返事で笹を分けてくれ，いつでも頼りなさいといってくれたそうだ。

＊　　　＊　　　＊　　　＊　　　＊

（1）　誰が子育ての担い手か

子育て支援は，「私たちがやらなければ」と考えるだけでなく，「誰がその人のそばにいてくれたらいいか」を考え，一緒に子育てをしていくチーム，応援団をつくっていくことも大切である。

園での出会いや相談をきっかけにして，園だけが支援するのではなく，子育て家庭を

支援することができる地域そのものをつくっていく営みが求められる。

　園の保育者は笹を分けてあげず，地域の方を親子に紹介したのはなぜだろう。この親子が地域でこれから生きていく際に見守ってくれ，暮らしの中で支えてくれる相手が増えていくことが大切だ。園で支援することはある意味簡単だが，あえて地域の方とつながる「きっかけ」ととらえる「コーディネーター」の役割を意識していく。

### （2）　地域の子育て家庭へのまなざしを広げるために

　ひとりの困りごとから「あったらいいな」と思われる援助や活動を地域の人びとを巻き込みながら生み出す。その繰り返しによって，地域の中でどう子育て家庭を支えたらいいかがわかる人たちを増やしていくと，地域の子育て家庭へのまなざしをあたたかいものに変え，子どもや子育て家庭がおかれた状況を理解していくことにつながっていくのではないだろうか。

### ◢4◣　地域における子育て支援の広がり

 episode　5-7　地域の支え合いを得ていく親子

　Mくんは毎朝元気に挨拶をしてくれる4歳児。母親のAさんは一人親で，母子生活支援施設にMと二人で入居し，頑張って働いているが，余裕のないときにはMを怒鳴りつけるような姿もみられた。Mはよく遊び，活発だが，なかなか体重が増えていかない点は，園でも心配している。Aによると，近頃は勤務先が不景気で，収入が下がってしまっているとのことだ。調理も苦手で，園での給食が頼りだと話していたこともあった。

　母子できちんと食べられているのか心配だ。あるとき，園の保育者が地域にフードパントリーを実施している団体があると聞き，その時にもらったチラシを園の掲示板に掲示したところ，Aが熱心に読んでいる姿があった。そして，その場で早速申し込んだと報告してくれた。ちょっとでも家計が楽になり，Mにおやつやフルーツを買ってあげる余裕がでるかもしれないと期待した。

＊　　　＊　　　＊　　　＊　　　＊

### （1）　保育者の研鑽による情報共有の広がり

　保育者が自ら積極的に研修に参加し，他の園の保育者と出会うチャンスができて，情報交換をする。そこから一人親が助かる情報を得ていることは，決して「偶然」ではない。Aの状況を把握し，心配していたからこそ情報をキャッチし，相手から引き出すことができたのである。このような引き寄せを，「アンテナを張る」という言い方をする。「私の業務には関係ない」と思わずに，「何かできることはないか」と考え続けることで，まれにセレンディピティ(幸運な偶然)を手繰り寄せることがある。

　また，チラシを直接渡すのではなく，そっと人目につかないところにさりげなく張り出し，ご本人に気づいてもらうのはいい方法である。突然本人に情報手渡したら，どう感じるだろうか。「そういう目でみられていたのか」などと，傷つく人もいるだろう。自分で情報を獲得して行動を起こせば「スティグマ」の回避にもなる。

　保育者が事前に開催する団体に連絡をとって，どのような雰囲気なのかをきいてチラ

シにコメントをしておくなどすると，園からの情報だからという安心感につながるかもしれない。

　団体には，あらかじめ園の保護者に案内させていただいたことを連絡しておき，もしも利用した場合に受け入れてもらいやすいよう配慮をお願いする。また，これから利用することを伝えてくれた保護者に「どんなところだったか，よかったら教えてくださいね」などとリサーチのお願いをあえてすることで「役割」をつくり，その人に「ありがとう」というシーンをつくりだすこともある。

　その後のAは，フードパントリーを行っている団体で，スタッフともだんだんに会話ができるようになった。会話がきっかけとなり，得意な編み物を活かし，バザーの際に作品を出品することを勧められた。最初は自信がなさそうだったが，その後「また作品をつくって欲しいと頼まれた」と，いきいきと園で語ってくれた。

## （2）　サービスの受け手から，提供者へ

　支援の受け手が支え手としてもつながっていく事例である。支援は受けてばかりいると窮屈な気持ちになり，自分だけが力のない，役に立たない存在のように感じることがある。しかし，地域の中で自分なりの関与のしかたを見いだし，主体的にその場にいられると，気づかぬうちに元気を取り戻していく。人のつながりの輪がひろがり，役割を得て，いきいきとしてくることがある。こういった一連のはたらきかけにより，本来の自分を取り戻し，力を引き出されることをエンパワメントとよぶ。子育て支援で大切なことは，逆説的だが，してあげることではなく，その人に何かをしてもらうことである。お客様として扱うのではなく，仲間として迎え入れ，みんなにとってその人がなくてはならない人になっていくプロセスそのものでもある。

　あなたがエンパワメントされたなと感じた経験を思い出してみよう。そのとき，相手はどのようなはたらきかけをしてくれただろうか。もし周りにちょっと気にかかる相手がいたら，どのように関わることが相手にとってエンパワメントにつながるだろうか。

## 5　これからの地域子育て支援の方向性

**episode** 5-8　支援の受け手から支え手に

　園で開催している子育て親子の集いの利用者向けに，近隣の子育て支援マップを作成して配布した。利用者から大変喜ばれ，印刷したものはすぐになくなってしまった。
　口コミでマップの存在を知った保護者から次々と以下のような要望が寄せられた。
　「○○がおすすめだがのっていなかった。掲載すべきでは？」「友だちも欲しがっている。もっと増刷してほしい」「できれば携帯でみられるようなものにしてほしい」，「私の住んでいる地域でもつくって欲しい」など。担当者はそんなにたくさんの要望に応えられない……と頭を抱えてしまった。

＊　　　＊　　　＊　　　＊　　　＊

## （1）　支援の広がりの留意点とつながり

　episode 5-8の支援者は，よかれと思ってやってきたことだったが，保護者からは要

望ばかりが届き，対応しきれなくなってしまった。自分たちの地域の中の役割はどうあればよいか。掲載内容についてのニーズやクレームに対しては，次回の改訂時に一緒につくることを提案する方法も有効だ。

　一見「クレーム」のように思えても，実は理解が進むと，一番の応援団になってくれることがある。関心があってイメージや理想があるからだ。この考え方は在園の保護者支援にもつながる。「対応」でぶつかるよりも「一緒に」巻き込んでいくことで，園への理解も深まる。

　他にも，「SNSにアップして広報してもらう」，「次回作成時は助成金を紹介して地域にお任せする」など工夫をする。園はこういうお手伝いはできるので，一緒にやってみましょう，と巻き込むのも方法である。

　住民主体の活動を推進する社会福祉協議会に相談するのもいいだろう。地域のボランティアを募り，子どもの見守りを行ってもらう。

　近隣の大学に協力を仰ぎ，学生に入ってもらうと多世代の交流も生まれる。ポイントは，要望であれ苦情であれ，「関心を寄せてくれた」という視点に立つことだ。何か意見があったり，関わろうとしてくれたりすることはチャンスなので，「対応」するのではなく，気にかけてくれてありがたいと歓迎する。すべて自分たちでやり遂げようとせず，たくさんの人を巻き込んでいく。

　園でやってしまったほうが早いこともたくさんあるが，あえて地域の人たちに一緒に考え，助けてもらうことで，関係性が深まる。「してあげること」ではなく，「助けてもらうこと」を発信することで，関わりが生まれる。特に意見がある保護者から丁寧に聞きとり，その想いを受け止めることは，支援の受け手と支え手という関係を越えて，共に地域で子どもを育む仲間となれる可能性を秘めている。

## （2）　生まれた場所でない場所での子育て

　自分の生まれ育った市区町村で，現在子育てをしていますか？というアンケートで「いいえ」と答える人が72％にものぼった。(2015　NPO法人子育てひろば全国連絡協議会調べ) 不慣れな街で，子育てがスタートするのは，大多数の人には大変なことだ。特に幼稚園や保育園，認定こども園などに入園する前の所属のない時期の子育ては，仲間もつくりにくく，孤立しやすい。

　地域の様々なところで赤ちゃんをウェルカムで迎え入れ，地域の親子に関わってくれるような，日常的にあたたかく見守ってくれるような雰囲気や理解を進めていくことが，これから地域で求められる園の役割である。

## （3）　日頃から子育ての相談事ができるサポートづくり

　「子育ての相談」，「困りごと」が発生してから関わるのではなく，育てづらさや困りごとを吐露し，仲間で支え合う関係をつくっていく当事者主体の活動をサポートしていくことが大切である。

自分の気持ちを受けとめてもらえた人は，相手の話にも寄り添って聞ける人になり，仲間の困り感に気づくひとになる。「困った人」を見つけ出してサポートするのではなく，すべての人にこそ，寄り添い型で予防型の子育て支援が必要と考える。なぜなら，してもらったうれしかったことは，次の人にも届けられるからである。

## （4）　お互い様の相互支援

図5-9　「子育ては大玉おくり」
のイメージ図
作成：松田妙子，イラスト：丸山誠司

　リスクに着目し困っているところにサービスを提供する発想から転換していく必要がある。つまり，「困っていない時から」つながりをつくり，お互いさまで支え合う相互支援の取組みをひろげていく，「地域まるごと支援」である。そこで，家庭だけに閉じた子育てではなく，たくさんの人たちと関わりをもつことで，子どもにとってもセーフティーネットがひろがるという「子育ては大玉おくり」という考えを提案する。

## （5）　意見を形成し，表明できる権利の保障

　「こども基本法」が成立し，2023年には子どもの権利保障に向けて「こども家庭庁」が発足する。子どもと若者たちの意見が政策に反映される環境づくりが進められる。自治体が子ども政策について計画を立てる際には，子どもの意見を聞くことは「義務」となった。しかし，まだ子どもの意見を丁寧に聞くことは確立されているとはいえない。「意見」は何でも話せる環境があり，受け止められて「形成」されていくものだ。地域子育て支援においても，子どもの声に耳を傾け，「聞かれる権利」が保障される地域づくりが求められていく。特に意見形成の土台をつくる乳児期の子どもたちのアドボケイト（代弁者）として，保育者はどのような役割を果たすべきだろうか。時には，保護者のニーズと子どもの最善の利益が相反することもある。その際には保護者の傾聴と共に，子どもの心身の発達など子どもの視点に立って代弁する必要がある。また，保護者自身をエンパワーメントし，保護者自身が子どもを理解し，アドボケイトになれるようサポートすることも保育園の役割として求められていく。

# SECTION 5　要保護児童等およびその家庭に対する支援

🐰 episode　5-9　とび込みによる出産

　　A病院で，未受診妊婦によるとび込み出産があった。母親には，他にも3歳と5歳になる子ども
がいたが，十分な食事を与えていないことによる低栄養の状態が明らかになり，また，子どもを放
置して出掛けるなどのネグレクト（育児放棄）の状態であることが明らかになった。

　　母親は，現在，ひとり親であり，経済的に生まれたばかりの子どもも，今まで育ててきた子どもた
ちも育てられないという。そのため，A病院で生まれた第3子は乳児院へ，第1子と第2子の子ど
も二人は児童養護施設に入所した。そして，児童養護施設に入所後，第1子には，発達に課題があ
ることが確認された。今後，子どもの発達の状況に応じた障害児サービスが必要になることが考えら
れる。また，児童相談所，乳児院，児童養護施設等の関係機関の職員と共に，里親制度の活用も
視野に入れた，子どもおよびその家庭の支援をしていくことになった。

　　　　　　　　　　＊　　　＊　　　＊　　　＊　　　＊

## 1　社会的養護を要する家庭の特性と支援の姿勢

### （1）　社会的養護を要する家庭の特性

　　厚生労働省（2020）の「児童養護施設入所児童等調査」では，虐待を受けた経験のある
子どもは，乳児院が全体の40.9%，児童養護施設65.5%，母子生活支援施設57.7%で
あると報告している。社会的養護を要する家庭の背景の半数以上に不適切な養育，つま
り児童虐待がある。児童虐待が発生に至るまでの要因として，次の①保護者自身，②子
ども自身，③養育環境，の3つが挙げられ　，このような要因が重なり虐待が発生して
いるのである。また，虐待発生までに至っていない場合も，社会的養護を要する家庭に
は，多様かつ複雑な問題や課題を抱えていることが多い。

　　①　保護者：育児不安，保護者自身の疾病や障害，愛着形成不全など。
　　②　子ども：未熟児，乳児期の子ども，多胎児，子ども自身の障害など。
　　③　養育環境：経済的不安定，孤立した家庭，ひとり親家庭，DV（ドメスティックバ
　　　　イオレンス）など。

### （2）　支援の姿勢

　　episode 5-9のように社会的養護を要する家庭は，多様かつ複雑な問題や課題を抱え
ている状況であることを十分に理解し，子どもや家庭への支援を進めていく必要がある。
保育者自身が経験していない出来事や生活文化をもつ子どもや家庭もあるが，バイス
ティックの7原則である，個別化，意図的な感情表出，統制された情緒的関与，受容，
非審判的態度，自己決定，秘密保持を意識して，まずは，受容することからはじめ，一
人ひとりの状況に応じた支援をするという姿勢が大切である。

## 2　乳児院における家庭支援

### （1）　乳児院とは

　　乳児院は，児童福祉法第37条に「乳児（保健上，安定した生活環境の確保その他の理

由により特に必要のある場合には，幼児を含む。）を入院させて，これを養育し，あわせて退院した者について相談その他の援助を行うことを目的とする施設とする。」と規定されている。現在，全国に145か所あり，2,472人の子どもたちが乳児院で暮らしている。利用対象は1歳に満たない新生児だけでなく，小学校就学前の乳幼児が対象となっている。乳児院の役割は，次の通りである。

① 乳幼児の養護（養育）　② 家族への養育支援　③ 退所後の支援

### （2）子どもの特性と支援

乳児期は，将来の人格形成を左右する重要な時期であり，この時期に安定的かつ継続的な大人との密接な関わりが提供されることによって，愛着が形成される。これらを踏まえた支援が必要である。

### （3）家庭の状況

乳児期の子どもは，大人のケアなしでは生きていくことができない。昼夜関係なく，大人の都合に関係なく「泣く」ことで，空腹や不快を伝達する。そのため，保護者の生活リズムや時間軸に合わないと保護者の負担が過大となる。特に周産期のホルモンバランスが崩れやすい時期に，母親への子育てのストレスは大きく，養育拒否や精神疾患や虐待につながることもある。さらに望まない妊娠などによって，妊娠そのものを受容できず，子どもが生まれた後も，子どもを受容できず，養育拒否をする状況に陥る母親もいる。このような状況が明らかになったときに，乳児院への入所が考えられ，子どもおよび保護者への支援につながる。

### （4）家庭への支援

乳児院の子どもたちにとって，まず，家庭で生活することが最善の利益であることを考えて家庭への復帰を踏まえた支援が必要である。厚生労働省（2020）の「児童養護施設入所児童等調査」では，57.4％の子どもたちは，保護者が月1回以上面会に施設を訪れ，81.4％の子どもたちが家庭に一時帰宅している。保育者は，児童相談所や家庭支援専門相談員等と連携しながら，乳児院での子どもの様子を保護者に知らせて，保護者が保護者であることを自覚して，子どもとの生活につながる支援を心掛ける必要がある。また，保育者は，保護者の子育てに対する不安を取り除くために，乳児期の子どもの特性を伝えたり，子どもの世話の方法を伝えたりといったはたらきかけが必要である。

厚生労働省の「新しい社会的養育ビジョン」では，親子分離が必要な3歳以下の子どもは，施設ではなく里親などの家庭に委託すべきとの考えが示されている。今後，一時保護や家庭への支援，里親支援の機能の強化が乳児院に期待される。

## 3 児童養護施設における家庭支援

### （1）児童養護施設とは

　児童養護施設は，児童福祉法第41条に「保護者のない児童（乳児を除く。ただし，安定した生活環境の確保その他の理由により特に必要のある場合には，乳児を含む），虐待されている児童その他環境上養護を要する児童を入所させて，これを養護し，あわせて退所した者に対する相談その他の自立のための援助を行うことを目的とする施設とする」と規定されている。現在，全国に612か所あり，23,631人の子どもたちが児童養護施設で暮らしている。近年，家庭的養育優先の流れから，大舎制から小規模化が進んでいる。利用対象は児童（乳児を除くが状況によっては乳児も含む）である。児童養護施設の役割は，次の通りである。

　　① 児童の養護（保護）　　② 児童の自立の援助　　③ 退院後の支援

### （2）子どもの特性と支援

　児童養護施設では，乳児を除く児童（18歳未満の者）が生活をしている。入所している子どもの平均年齢は6.4歳で，2歳児が最も多く，次いで3歳児，4歳児と続く。児童の入所理由は，不適切な養育（児童虐待）によるものが多く，知的障害や広汎性発達障害（自閉症スペクトラム）などの心身の状況に該当ありという児童も36.7％いる。子どもの年齢だけでなく子ども自身の心身の状況を踏まえた支援が必要である。

### （3）家庭の状況

　児童養護施設では，子どもだけでなく家庭も様々な問題や課題を抱えている。児童虐待が発生に至るまでの要因として挙げた，①保護者，②子ども，③養育環境といった様々な要因は，子どもが入所した後もすぐに解決できるものではない。そのため，保育者は入所後も子どもや保護者の状況を常に把握しながら支援していく必要がある。

### （4）家庭支援

　厚生労働省（2020）の児童養護施設入所児童等調査では，子どもの保護者が児童養護施設に訪れるのは，月1回以上が23.6％，年2回〜11回が64.3％，子どもたちが家庭に一時帰宅しているのは，月1回以上が30.3％，年2回〜11回が65.2％である。

　子どもの保護者が訪問したときに施設での子どもの様子などを保護者へ丁寧に伝えていくことは，子どもが家族と離れて暮らしていても家族の一員であることを自覚し，良好な親子関係や家庭環境を整えるきっかけとなり，子どもの家庭への復帰や自立支援につながるが，無理な親子関係の調整は，悪化の原因にもなるため，保護者や家庭の状況，子どもの意思を尊重した親子関係の調整が必要である。保育者の役割としては，①子どもや保護者の心身の状況を把握気持ちに丁寧に寄り添いながらも，②施設内における家庭支援相談員等との連携，③施設外の児童相談所等との関係機関との連携も欠かすことができない。

**4** 母子生活支援施設における家庭支援

**（1） 母子生活支援施設とは**

　　母子生活支援施設は，児童福祉法第38条「配偶者のない女子またはこれに準ずる事情にある女子およびその者の監護すべき児童を入所させて，これらの者を保護するとともに，これらの者の自立の促進のためにその生活を支援し，あわせて退所した者について相談その他の援助を行うことを目的とする施設とする」と規定されている。

　　現在，全国に217か所あり，4,533世帯の母子世帯が母子生活支援施設で暮らしている。利用対象は，母子世帯である。母子生活支援施設の役割は，次の通りである。

　　① 母子世帯の保護　　② 母子世帯の自立支援　　③ 退所後の相談および援助

**（2） 子どもの特性と支援**

　　母親がDV被害者で入所するケースが多く，子ども自身も虐待を受けた経験のある子どもが多い。子どもの基本的な生活は，母親が支えているが，母親が，就労や疾病によって，保育所等への送迎が困難な時の代替支援や放課後の子どもの遊びや学習支援を担う。心理的虐待となるDVを見る・聞く・という経験をしている子どもが多いので，子どもの状況によって配慮が必要となる。

**（3） 家庭の状況**

　　母親がDV被害者だった場合，暴力によるけがや心的外傷後ストレス障害（PTSD）などがあり，入所後も，通院や服薬が必要な場合が多い。また，子どもへの養育や家事，コミュニケーションなどが不得意な母親やDV被害によって母親自身の力を十分に発揮できない，自己肯定感が低い，精神疾患がある，外国籍であるなど，様々な母子世帯が入所している。また，経済的に困窮している家庭も多くいるため，福祉制度を活用した支援が必要となる。

**（4） 家庭支援**

　　母子世帯全体を包括的に支援できる状況にあるが，世帯ごとに暮らしている家庭ごとのプライベートなスペースがあるため，保育者であっても，許可なしに立ち入ることができない。保育者の役割として，①子どもへの支援が中心であること，また，母親が不在の間の子どもの様子を伝えていく中で信頼関係が構築されて，②保護者自身の悩みを聞く場面があることなどである。そのため，母子生活支援員と連携しながら，子どもだけでなく母親の状況を把握して，母親と子どもに関わる必要がある。将来的に，母親が子どもと共に母子生活支援施設を退所して自立できるように，はたらきかける必要がある。母子世帯が経済的に困窮していて，福祉制度を活用する場合には，福祉事務所との連携が欠かせない。当該母子世帯の状況に応じて福祉制度や福祉サービスがスムーズに活用できるよう支援していくためには，保育者自身にも，福祉制度や福祉サービスの知識が必要である。

**5** 障害児サービスを利用する家庭への支援

（1）　障害児サービスとは　障害児の施設サービスには，大きく分けて入所と通所がある

① 障害児入所施設

　障害児入所施設は，児童福祉法第42条「障害児を入所させて，支援を行うことを目的とする施設とする」と規定されており，福祉型障害児入所施設と医療型障害児入所施設がある。

- 福祉型障害児入所施設：保護，日常生活の指導および独立自活に必要な知識技能の付与
- 医療型障害児入所施設：保護，日常生活の指導，独立自活に必要な知識技能の付与および治療

② 障害児通所施設

　障害児通所施設には，児童発達支援センターがあり，児童発達支援センターは，児童福祉法第43条「障害児を日々保護者の下から通わせて，支援を提供することを目的とする施設とする。」と規定されており福祉型児童発達支援センターと医療型児童発達支援センターがあり，保育所等と併行通園している子どももいる。

- 福祉型児童発達支援センター：日常生活における基本的動作の指導，独立自活に必要な知識技能の付与又は
　集団生活への適応のための訓練
- 医療型児童発達支援センター：日常生活における基本的動作の指導，独立自活に必要な知識技能の付与又は
　集団生活への適応のための訓練および治療

③ その他のサービス

　その他のサービスとして，障害児や障害児のいる家庭を支援するサービスとしては，障害児相談支援事業，放課後等デイサービス，保育所等訪問支援，居宅訪問型児童発達支援などがある。


（2）　子どもの特性と支援

　知的障害，身体障害，重症心身障害，様々な障害をもつ子どもがいる。子どもの障害の状況に応じて，障害手帳を取得し，医療や療育を受ける。


（3）　家庭の状況

　子どもに障害があることを早期に気づいた家庭は，子どもの将来を見据えた，様々なサービスを活用している傾向にある。一方で，子どもに障害があることに気づかない家庭では早期に適切な療育を受けることができていないという課題がある。


（4）　家庭への支援

　障害児サービスを利用している家庭は，概ね，子どもの障害に気づいている保護者が

ほとんどだが，保護者の中には，子どもの成長と共に障害がなくなると信じてたり期待したりして　いる保護者もいる。保育者は，サービス管理責任者や医療従事者等と連携しながら，保護者の気持ちに寄り添った支援が必要である。

## 6　里親への支援

### （1）里親とは

　里親制度は，児童福祉法第27条第1項第3号の規定に基づき，児童相談所が要保護児童（保護者のいない児童又は保護者に看護させることが不適当であると認められる児童）の養育を委託する制度である。里親の類型には，次の①養育里親（専門里親を含む），②養子縁組里親，③親族里親，の3つがある。

---

**基本的な要件**
①要保護児童の養育についての理解及び熱意並びに児童に対する豊かな愛情を有していること。
②経済的に困窮していないこと（親族里親は除く。）。
③里親本人又はその同居人が次の欠格事由に該当していないこと。
ア　禁錮以上の刑に処せられ，その執行を終わり，又は執行を受けることがなくなるまでの者
イ　児童福祉法等，福祉関係法律の規定により罰金の刑に処せられ，その執行を終わり，又は執行を受けることがなくなるまでの者
ウ　児童虐待又は被措置児童等虐待を行った者その他児童の福祉に関し著しく不適当な行為をした者基本的な要件

---

| 養育里親 | 専門里親 | 養子縁組里親 | 親族里親 |
|---|---|---|---|
| ・養育里親研修を修了していること。<br><br>※年齢に一律の上限は設けない。養育可能な年齢であるかどうかを判断 | ・専門里親研修を修了していること。<br>・次の要件のいずれかに該当すること<br>　ア　養育里親として3年以上の委託児童の養育の経験を有すること。<br>　イ　3年以上児童福祉事業に従事した者であって，都道府県知事が適当と認めたものであること。<br>　ウ　都道府県知事がア又はイに該当すると同等以上の能力を有すると認めた者であること。<br>・委託児童の養育に専念できること。<br>※年齢に一律の上限は設けない。養育可能な年齢であるかどうかを判断 | ・養子縁組里親研修を修了していること。<br>※一定の年齢に達していることや，夫婦共働きであること，特定の疾病に罹患した経験があることだけをもって排除しない。子どもの成長の過程に応じて必要な気力，体力，経済力等が求められることなど，里親希望者と先の見通しを具体的に話し合いながら検討 | ・要保護児童の扶養義務者及びその配偶者である親族であること。<br>・要保護児童の両親等が死亡，行方不明，拘禁，疾病による入院等の状態となったことにより，これらの者による養育が期待できない要保護児童の養育を希望する者であること。 |

都道府県児童福祉審議会の意見聴取

| 里親名簿への登録 | 親族里親の認定 |
|---|---|

5年ごとの登録の更新（更新研修の受講）※専門里親は2年ごと

図5-10　里親（認定）の要件

出典：厚生労働省（2022,10）『里親制度（資料編）』から引用

### ①　養育里親

　養子縁組を目的としない，要保護児童を預かって養育する里親

　虐待された児童，飛行等の問題を有する児童，身体障害，知的障害又は精神障害のある児童など，専門的ケアを必要とする児童を養育する里親（専門里親）

② 養子縁組里親

保護者が不在，実親が親権を放棄する意思が明確である児童など，養子縁組を前提とした里親

③ 親族里親

3親等以内の親族である児童を監護する者が死亡，行方不明，拘禁，入院等の状態で，当該児童を養育できない場合の里親

表5-3　里親の種類と実態数

| 里親の種類 | 登録里親数 | 委託里親数 | 委託児童数 |
|---|---|---|---|
| 養育里親 専門里親 | 11,853世帯 （715世帯） | 3,774世帯 （171世帯） | 4,621人 （206人） |
| 養子縁組里親 | 5,619世帯 | 353世帯 | 384人 |
| 親族里親 | 610世帯 | 565世帯 | 808人 |

出典：厚生労働省（2022,10）『里親制度（資料編）』，「里親制度の概要」を基に作成

里親（認定）の要件には，基本的な要件と里親の種類のよって各研修終了などの要件がある（図5-10）。

## （2）　里親制度等の推進

児童福祉法改正（2016）により，子どもが権利の主体であること，実親による養育が困難であれば，里親や特別養子縁組などで養育されるよう，家庭養育優先の理念などが規定された。そして，この理念をより具体化するために，『新しい社会的養護養育ビジョン』が厚生労働省の新たな社会的養育の在り方に関する検討会によって発表された。

新しい社会的養育ビジョンでは，「代替養育は家庭での養育を原則と，高度な専門的な治療的ケアが必要な場合は，子どもへの個別対応を基盤とした『できる限り良好な家庭的な養育環境』を提供し，短期入所を原則とする」と示され，改革に着手するための目標値（表5-4）が挙げられた。これによって，里親制度等の推進がすすめられた。

表5-4　社会的養育ビジョンの改革のための目標値

- 全年齢層にわたる里親委託率向上に向けた取組み
- 3歳未満：75％以上（概ね5年以内）
- 3歳以上～就学前：75％（概ね7年以内）
- 学童期以降：50％以上（概ね10年以内）
- 施設での滞在期間は，原則として乳幼児は数か月以内，学童期以降は1年以内 （特別なケアが必要な学童期以降の子どもであっても3年以内を原則とする）
- 現状の約2倍である年間1000人以上の特別養子縁組成立を目指す（概ね5年以内）

出典：厚生労働省（2017）『新しい社会的養護養育ビジョン』を基に作成

## （3）　里親の役割

厚生労働省（2022）の『社会的養育の推進に向けて』では，里親委託には，

① 特定の大人との愛着関係の下で養育され，安心感の中で自己肯定感を育み，基本的信頼感を獲得できる。

② 適切な家庭生活を体験する中で，家族のありようを学び，将来，家庭生活を築く

うえでのモデルにできる，

③　家庭生活の中で人との適切な関係のとり方を学び，地域社会の中で社会性を養うと共に，豊かな生活経　験を通じて生活技術を獲得できる，という効果が期待されており，社会的養護では里親委託を優先して検討することが推進され，実家的な役割を担うことが期待されている。里親制度の4つの類型を活用や，週末や夏休みを利用した養育里親への養育委託を行う「週末里親」，「季節里親」の活用が促進されている。

## （4）　里親への支援

厚生労働省（2018）は，都道府県が行うべきフォスタリング業務の在り方を具体的に提示するために『フォスタリング機関（里親養育包括支援機関）およびその業務に関するガイドライン』を策定した。

フォスタリング業務には

- 里親のリクルートや子どもと里親家庭へのマッチング
- 子どもを里親委託中における里親養育への支援
- 里親委託措置解除後における支援

などが示されており，子どもにとって，質の高い里親養育が行われるために，里親への支援も含めた，それぞれの段階に応じた整備が進められている。

## 7　施設入所児童と家庭への支援の課題

### （1）　入所児童の変化

かつては，保護者のいない要保護児童を中心とする入所児童が多かったのが，今や児童虐待による入所児童の割合が高くなった。また，入所児童の中には，障害児等の特別なケアを必要とする児童も増加している。加算職員の充実を図るも施設職員が不足している状況にあり，子どもや家庭への十分な支援が届いていない点が課題となっていた。

### （2）　家庭的養育の担い手の問題

児童福祉法の改正（2016）および厚生労働省（2017）の『新しい社会的養育ビジョン』によって，原則，家庭養育優先がとなり，要保護児童等への支援は大きく改革されようとしている。これに合わせて各施設では小規模化や多機能化を進めており，都道府県による里親などの促進に向けて動き出しているが，里親委託率は，2020年現在，全国平均22.8%であり，最小値は10.6%（宮﨑県），最大値は58.3%（新潟県）で自治体間の格差が大きくなっている。新しい社会的養護養育ビジョンで示された目標数値を達成していくためにも，今後，家庭的養育の担い手が必要となることが考えられる。

# 6章 子ども家庭支援に関する現状と課題

目標：目標：本章では，家庭支援の今後の課題として 子ども・保護者・保育者 それぞれのライフコースの多様性を理解し，ICT 化による機能性の向上と保護者との関係性学ぶ。また「子ども基本法」や「子ども家庭庁」の理念を知り，子どもと関わる大人が子どもの最善の利益を考え「こどもまんなか」の日々をつくり上げていく必要性を学ぶ

## SECTION 1 ライフコースからみた子ども家庭支援

### 1 生涯発達における女性のライフコース

**episode** 6-1 多様化する女性のライフコース*

　Aさん夫婦は共働き家庭で，現在2歳の男児がおり，妻は第2子を妊娠中で産休中である。夫は会社員，妻はフリーランスの仕事で，時間が不規則なため，第1子は保育所に入園せずに，保育所の一時預かりや近隣の夫の父母の助けを借りて，やりくりしてきた。妻の実家は遠く，日帰りが難しいところにある。A夫婦は，第2子の出産後も，子どもを夫の両親に預けながら仕事を続けたいと考えているが，夫の両親からは，体力の限界を理由に保育所入園をすすめられて悩んでいる。

　　　　＊　　　＊　　　＊　　　＊　　　＊

　episode 6-1のA夫婦は子育ての真っただ中であり，仕事を退職した夫の両親の全面的な支援を受けて子育てをしている。夫の両親も孫を大変かわいがっており，孫の世話をすることで生きがいも感じている。しかし，やっと仕事から解放され，手にした自由な時間が孫の世話だけで費やされることに精神的にも体力的にも限界も感じている。

　子育てを期待する側，支援する側，それぞれのライフステージ*が異なり，お互いに期待する役割を担えないことを理解する必要がある。個々の人生のなかで，子育てへの関わり方は，ライフステージによっても異なってくる。

　子どもをもつ場合，親として子育てに関わる時期や祖父母として子育てに関わる時期がある。子どもを生涯もたない人も，全く子育てと無関係ではない。子どもは社会の中で育つものであり，様々な大人が関わることで育っていくのである。地域の中で異なる世代が，子育てに関わっていくことは，社会が子育ての責任を果たすことにつながっている。

　　*ライフコース：個々の人生の道筋のことを指す。人の一生は就学・就職，結婚，妊娠，退職，出産，子の独立，家族の介護，家族との死別といった様々なライフイベントをきっかけに枝分かれしていく。それらを線で捉えたものと考えるとよい。
　　*ライフステージ：人生の節目ごとに段階を分けていくことをいう。人の一生を少年期，青年期，壮年期，老年期などに分けたそれぞれの段階のことである。

## （1）　子育て期間の変遷

　　2022年の平均寿命は，男性が81.49歳　女性が87.60であった。男性は，世界第4位，女性は世界2位の順位で，日本は国際的にも長寿の国であるといえる。また，2021年の合計特殊出生率（一生の間に女性が出産する子どもの数）は，1.30であり，前年の1.33より低下している（表6-1）。1950年の合計特殊出生率は，3.65人であり，子どもを産む女性が，育児に関わる時間は，1950年に比べると，ほぼ半分以下になったと考えられる。第1子の出産時の母親の年齢は，1975年の25.7歳から，晩婚化により2021年では30.9歳と上がっている（表6-2）。これは子育てをする期間が，職業的なキャリアを積む時期と重なることを示している。また，合計特殊出生率の低下は，キャリアの積み上げ期間や，老後の時間が長くなることを示している。つまり，女性の子育て期間が短くなり，女性が自分の人生についてプランニングできる期間が延びたのである。このような社会の現状により，女性の経済的自立と女性と男性の家庭における子育て・家事分担が期待される傾向がある。

表6-1　合計特殊出生率の推移

| | 昭和50年<br>（1975） | 60<br>（'85） | 平成7年<br>（'95） | 17<br>（2005） | 27<br>（'15） | 28<br>（'16） | 29<br>（'17） | 30<br>（'18） | 令和元年<br>（'19） | 2<br>（'20） | 3<br>（'21） |
|---|---|---|---|---|---|---|---|---|---|---|---|
| 合計特殊<br>出生 | 1.91 | 1.76 | 1.42 | 1.26 | 1.45 | 1.44 | 1.43 | 1.42 | 1.36 | 1.33 | 1.33 |

出典：厚生労働省「令和3年（2021）人口動態統計月報年計（概数）の概況」

表6-2　第1子出生時の母の平均年齢

| | 昭和50年<br>（1975） | 60<br>（'85） | 平成7年<br>（'95） | 17<br>（2005） | 27<br>（'15） | 28<br>（'16） | 29<br>（'17） | 30<br>（'18） | 令和元年<br>（'19） | 2<br>（'20） | 3<br>（'21） |
|---|---|---|---|---|---|---|---|---|---|---|---|
| 平均年齢<br>（歳） | 25.7 | 26.7 | 27.5 | 29.1 | 30.7 | 30.7 | 30.7 | 30.7 | 30.7 | 30.7 | 30.9 |

出典：厚生労働省「令和3年（2021）人口動態統計月報年計（概数）の概況」

## （2）　地域における異なる世代交流

　　内閣府の「令和4年少子化社会対策白書」　第2部第1章第2節の「4 子育ての担い手の多様化と世代間での助け合い」によると，子育ての担い手として，祖父母や地域の退職者や子育て支援員などに言及されているが，それらの人たちにとどまらず，他の人たちを巻き込むことも必要である。

　　図6-1のように，50歳まで未婚である割合（生涯未婚率）は，年々増加傾向にある。2022年の生涯未婚率は，男性28.3％，女性17.8％となっており，子育てを経験する機会のない人が増加している。

　　家庭の中だけではなく，社会全体で子どもを育てるという意識をもつことが必要である。地域のコミュニティが弱くなった現代において，オランダ発祥の，子ども（5〜18歳）と大人ボランティアの二人組がバディ（buddy＝相棒，仲間，友人）となり，定期的に一緒の時間を過ごす活動（一般社団法人 We are Buddies）も起き始めている。

## 2 ライフコースの多様性

### （1） 主流ではない標準家庭

落合（2019）が指摘した，人口のほとんどの人が，結婚し，子育てを経験する家庭生活が標準家庭とされた1955年体制の家族形態とは異なり，近年徐々に婚姻率の低下と，初婚年齢の上昇がみられる。また，一生涯を独身で暮らす人の割合も，図6-1のように1990年代以後急増している。

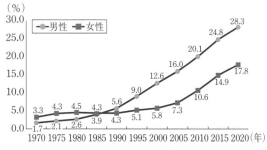

図6-1　50歳時の未婚割合の推計と将来推計

このような社会の中で，子どもが2人いて，夫がはたらき，妻が専業主婦という戦後の標準家庭は，現在では主流ではなくなりつつある。家族という単位が標準ではなくなり，婚姻の形態の多様化や，年代のばらつき，生涯未婚率の増加など多様な生き方を選択する社会となっている。ほとんどの人が同じような年代に結婚し，子どもを2人育て，専業主婦が多いという社会は，歴史的にみても，戦後の一時期であることがわかる。

### （2） ライフステージからマルチステージへ

多様な生き方を，ライフステージの時系列でみたとき，教育，就職，結婚，引退，老後という人生の節目にあたる時期は個人によってそれぞれであり，さらに大多数が同じ道順をたどるとは限らない。ライフスコースという時系列の順番性をとらえ方ではなく，人生のそれぞれの時期に応じてそれぞれの選択を行うというマルチステージというとらえ方が主流になりつつある。そのため，子どもを育てる家庭も保護者の年代の幅や環境が多様化している。

## 3 子育て支援の世代性

子育てを直接担う世代は，親世代であり，保育所などを利用する保護者である。子どものいる家庭への支援は，子どもを保育する専門家だけでなく様々な社会資源が存在することはこれまで概要が示されてきた。それは子どもの立場からみた支援であるが，一人の人生の中で子育てに関わる世代について，生涯発達の理論からみてみよう。

### （1） 生涯発達モデルからみた子育て

人の人生の後半にも照準をあてて俯瞰した「生涯発達モデル理論」に，エリクソン（Erikson, E. H）の発達理論がある。一生涯を8つの段階にわけ，各段階の発達課題を示したものが表6-3である。

エリクソンが示した生涯発達理論では，それぞれの発達段階の中で発達課題（危機）として示されている。特に，青年期の「アイデンティティの確立」が著名である。

「成人期」は，人格的活力として「care」が獲得される発達段階とされている。「成人期」

の発達課題（危機）は，「世代性（生殖性）と停滞」である。世代性は，狭義の子孫を生み出す生殖性だけではなく，次の世代を支え，責任をもつことを意味している。この世代性（生殖性）が，個人的な自己陶酔の「停滞」より上回った場合，「care」が人格的活力として獲得されるとしている。

## （2）　成人期の「care」の獲得

エリクソンの発達理論は，男性主体という批判があるが，そのことを割り引いても「care」を獲得する発達段階は男女を問わず，成人期であり，人は「成人前期」の子育ての時期を経て，成長発達が「成人期」に達したときに，他者への「care」が獲得されるとしている。「成人期」になり，初めて「care」する力を得て，次の世代や先の世代への責任を果たすことができるのである。子どもをもたない人たちの「care」獲得の方法としては，社会的に世代がつながるような工夫が模索できるだろう。オランダのバディ（前述）のような地域における世代交流が生涯発達の観点からも必要とされる。

表6-3　エリクソンの心理・発達論

| 発達段階 | 年齢（目安） | 発達課題と心理社会的危機 | 人格的活力 |
|---|---|---|---|
| 乳児期 | 0～1歳半 | 基本的信頼 VS 不信 | hope |
| 幼児期前期 | 1歳半～3歳 | 自立性 VS 恥・疑惑 | willl |
| 幼児期後期 | 3歳～6歳 | 自発性 VS 罪悪感 | purpose |
| 学童期 | 6歳～13歳 | 勤勉性 VS 劣等感 | competence |
| 青年期 | 13歳～22歳 | アイデンティティの確立 VS 役割の混乱 | fidelity |
| 成人前期 | 22歳～40歳 | 親密性 VS 孤独 | love |
| 成人期 | 40歳～65歳 | 世代性（生殖性）VS 停滞 | care |
| 老年期 | 65歳～ | 自我の統合 VS 絶望 | wisdom |

出典：園田編「女性の発達臨床心理学」（2007年）から改編

## 4　人口動態からみた将来の家庭支援

日本の家族は，欧米の家族のように容易に「崩壊」しないという主張が日本国内には，根強くあった。しかし落合（2019）が指摘しているように，婚姻と家庭の安定期は1955年体制の時期に特有のものであり，これからの家族の方向性は，目黒（1987）がいう「個人化する家族」である。「個人化する家族」とは，家庭に属することが必ずしも大多数の人の選択ではなくなることを意味している。家庭生活は人生のある時期に特定の個人的なつながりのある人々で作り上げるものであり，家族の生活が人の人生の一つのエピソードであることを示している。そのため，婚姻を継続することよりも，今後は個人の選択が優先されることになる。

家庭支援を考える際に，「個人化された家族」を想定し，家族の構成員それぞれの個別の人生の中の家族の意味を考える視点が必要となるであろう。

# SECTION 2　ICTを活用した業務の省力化と質の向上

■1　保育実践現場におけるICT活用

🐰（episode）　6-2　ICT化にとまどう保育者

　　入職3年目の保育者Mは，家族や友人とはLINEやインスタグラムでやりとりしているが，パソコンに向かって，ワープロで原稿を書いたり，表計算ソフトを使ったりするのは苦手である。キーボードで文字を打とうとすると，手書きよりも時間がかかってしまう。
　　先月の職員会議で，来年度から，統合型園務支援システムが導入されて，連絡帳や児童票などの手書きはなくなることが，園長から発表された。今でも，事務作業が遅れがちなのに，PC入力になると，さらに時間がかかるのではないかと，Mは心配している。

＊　　　＊　　　＊　　　＊　　　＊

## （1）　ICTと統合型園務支援システム

　　上記のepisode6-2のように，園で働いている保育者にとっては，おたよりや連絡帳などの保護者とのやりとりや，保育に関わる計画と記録の際に，ICTを用いることが多い。しかし，プライベートでLINEなどのSNSで，フリック入力でメッセージをやりとりすることには長けていたとしても，キーボード入力で長い文章を書いたり，レイアウトが整った文書をつくったりすることが苦手な保育者は多い。このため，保育者のなかには，業務でICTを使うようになると，かえって負担が増えてしまうと心配する声もある。これは，保育者としての専門的な知識や技術の問題ではなく，職業人としての情報活用能力に起因しているため，仕事を円滑に行うためのICTリテラシーを高めていく必要がある。

　　ICT（Information and Communication Technology）とは，「情報通信技術」と翻訳され，複数の情報機器端末をインターネットに接続することで実現する技術やサービスを指す。単なる情報処理にとどまらず，ネットワーク通信を活用した情報共有やコミュニケーションが重視される。

　　近年，事務作業の軽減の手立ての一つとして，ICT機器を導入する園が増えている。episode6-2に登場した，統合型園務システム（以下，システムと表記）では，複数の機能がパッケージ化され，端末とサーバーをつないだネットワークが構築されている。

　　システムに含まれている主な機能は，以下の3つである。

### ①　登降園管理機能

　　保育者と保護者の双方にとって，非常にあわただしい登降園の時間帯に，スマホの入力だけで連絡でき，出欠管理ができる。延長保育やあずかり保育の申込やキャンセルも簡素化され，システムによっては，そのまま自動的に延長保育料金の計算や支払手続きもできる。

### ②　家庭連絡機能

　　連絡帳やおたよりを紙ではなく，システム上で発行する。保護者はスマホからいつでも閲覧することができるうえに，同居していない親族や保育を手伝ってくれる人たちと

も情報共有しやすくなる。

### ③　文書管理機能

　保育者は，子どもや保護者との関わり以外にも，クラスの保育計画や一人ひとりの子どもの児童票など大量の文書作成をしている。システムを活用することで，これらの文書データをデータベース化し，連携させることで，様々な文書を有効活用することができる。

### （2）「保育分野の業務負担軽減，業務の再構築のためのガイドライン」

　1章で述べたとおり，保育ニーズの増加に伴い，保育の「量」の拡大が進められてきた。保育実践を担う保育士の有効求人倍率も，依然として高い水準にある一方で，退職する保育者も後を絶たない。その理由として，「仕事量が多い」「労働時間が長い」といった声が多い。こうした状況の改善にむけ，仕事の中身や働き方の見直しが行われ，「保育分野の業務負担軽減・業務の再構築のためのガイドライン」が策定された。

　このガイドラインでは，実践現場では「事務（園務）」とよばれる書類作成業務など，子どもとの直接的なふれあいの伴わない周辺業務の見直しにより，保育者が保育に専念できる環境を構築することを目指した。その道すじとなる4つのアプローチ（「ICT活用」「保育補助者の活用」「記録・書類業務の見直しと工夫」「書き方の見直し」）のなかでも，ICT活用は，業務改善の切り札として，冒頭に掲げられた。

　特に，保護者との関わりが中心となる「子育て支援」「子ども家庭支援」においては，連絡帳アプリやメールなど，ICTを活用することにより，手書きや対面でのやりとりでは見出せなかった効果が期待される。特に，コロナ禍においては，対面でのコミュニケーションが制限されたなかであっても，ICTを活用することにより，自治体−園−保護者との間で，スムーズな情報共有が行われていることが報告された。

### （3）　ICT化とパフォーマンスの関係

　保育のICT化の推進のため，国も自治体も，補助金を交付するなど，様々な手立てを講じてきたが，その効果を実感できている園も多いようだ。実際，システムを導入しても機器を使いこなせないまま，従来の手書きによる事務作業を続けている園もある。

　その一方で，何年もかけて，着実に保育のICT化に取り組んだ結果，むだを減らしただけでなく，これまでにはなかった新たな支援のかたちを見いだした園もある。つまり図6-2に示すように，ICTの導入前に比べて，業務が効率化されただけでなく，新たな支援の効果が表れて，保育の質の向上へと結びついたのである。

　機器の導入については，園長（施設長）をはじめとする経営サイドの意向が強くはたらく。

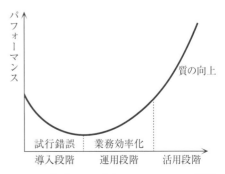

図6-2　保育のICT化とパフォーマンスの関係
出典：二宮（2021）p.66

ただし，ICT機器を導入しただけで，すぐに効果が表れるわけではない。保育者たちが機器を使いこなせるようになるまでの間，時間的な余裕が必要である。つまり，ICT機器の導入段階や運用段階では，かえって効率が悪化し，業務量が増えたように感じることも多いが，これを乗り越えて，活用段階に到達すれば，保育の質の向上が見込まれる。無論，保育者養成課程の時点で，PCリテラシーの基礎が身についていれば，機器を使いこなせるようになるまでの時間が短くてすむことはいうまでもない。

　次に，子育て支援におけるICT活用の実例をみていこう。

### 2 ICT化の実際

#### （1） 一斉送信メールと掲示板（ブログ）

　かつては，おたよりやお知らせ，あるいは，掲示物として，保育者が紙媒体で保護者への情報発信していた。近年では，保護者のメールアドレスにむけて，一斉送信で通知したり，ホームページのブログ機能を使って，サーバー上に掲示したりする園が増えた（図6-3）。

　保護者にとっては，スマホやPCで情報を閲覧できるため，迅速かつ確実に情報をやりとりすることができる。紙媒体の頃は，欠席の場合，園にとりにいったり，問い合わせたりする必要があったが，こうした手間を省き，母親，父親だけでなく，祖父母や子育てを手伝ってくれる知人との間でも，簡単に情報共有できるようになった。

　一方，保育者にとっては，園が発信した情報を，保護者が閲覧したかどうか，既読チェックの有無で確認することもでき，気になる保護者の動向が把握しやすくなった。

　ブログ機能を使って，毎日クラス活動の様子をドキュメンテーションとして発信している園もある。この場合，このブログの内容をそのまま転記して，保育日誌とすることで，業務の省力化が図られていた。

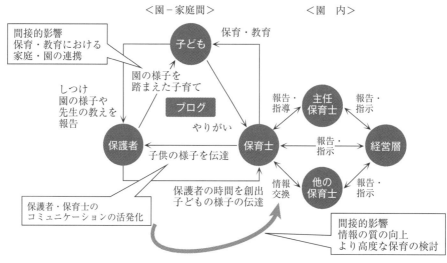

図6-3　ブログの活用による連携のイメージ図

出典：東京都（2022）p.9

## （2）　連絡帳アプリ（電子連絡帳）

　　園で連絡帳アプリが導入し始めた頃は，保護者側から，手書きの温かみがなくなることを惜しむ声があったり，安易なフリック入力による手抜きが懸念されたりもしたが，近年では，電子化によるメリットの方が重視される傾向にある。紙媒体の頃は，写真の貼付に手間がかかっていたが，連絡帳アプリの活用により端末一つで，文字入力だけでなく，画像データを簡単に組み合わせた連絡帳を手軽に作成できるようになった。保護者にとっては，画像でわが子の園生活の様子をみることができるため，喜ばれている。

　　保育者側にとっては，紙媒体の頃は，連絡帳は各クラスで管理されていたので，クラス担任以外の保育者にとっては，気になる家庭の連絡帳をみるためには，そのクラスまで出向く必要があった。連絡帳アプリでは，園長や主任のほか，クラス担任以外の保育者も気軽に連絡帳を閲覧できるため，より緊密な園内連携のなかでの状況把握ができるようになった。

## （3）　ライブ配信と Web ミーティング

　　コロナ禍以降，保護者であっても，園内への立ち入りは制限している園が多く，懇談会や面談の実施が困難となった。運動会や生活発表会などの行事についても，入場制限せざるをえないために，ライブ配信に切り替える園もあった。ライブ配信の時間帯に視聴できない家庭に対しては，録画した動画を限定配信して視聴してもらった。コロナ禍の前は，ビデオカメラで撮影した動画データを DVD 化し，購入してもらっていたが，Youtube を活用することで，短時間のうちに，家庭と動画を共有できるようになった。

　　Web ミーティングの機能を用いて，園と家庭をつなぐことが試みられた結果，それまでは，家に残っている兄弟姉妹の世話をするために，保護者のうちの一名しか来園して参加できなかったケースでも，気軽に両親そろって画面に登場する家庭もみられたという。

　　保護者との個人面談でも，感染予防のために来園できない家庭向けに，Zoom が活用された。担任保育士と保護者との間では，もともと面識があるため，保護者側もあまり緊張することがなく，面談に臨むことができたことが報告されている。

## （4）　オンライン決済

　　自治体や園の方針によるところが多いが，園では，保育料とは別に，おむつなどの消耗品の代金や写真販売など，金銭の受け渡しが発生することがある。事務員のいない園では，保育者が保育と並行して金銭の授受を行わざるを得ない場面もあった。園務支援システムで，オンライン決済機能が使える園では，保育者が，本来の仕事である保護者とのコミュニケーションに，気持ちを集中させて取組むことができるのである。

# SECTION 3　こども基本法とこども家庭庁

🐰 **episode**　6-3　こどもの声を「聞く」保育者

　年長児クラスを担任している保育者Mは，毎週水曜日になると，Sちゃんがイライラしたり，友だちとトラブルを起こしたりするのが気になっていた。ふだん，Sは18時ごろに降園しているが，水曜日だけは，おやつを食べ終わった頃に母親がお迎えにきて，スイミング教室に行く。ある水曜日，Sはおやつを食べようとせずに，うつむいたまま座っていた。気になったMがSの隣に座ると，Sは「まだ帰りたくない」「スイミング嫌い」とつぶやいた。もう少しで，お迎えの時間になる。Mは，どのように返答したらよいのか困ってしまった。

$$* \quad * \quad * \quad * \quad *$$

## 1　こども基本法とは

### （1）　こども基本法の目的

　現代日本社会では，少子化がすすむ一方で，児童虐待の通報数は増え，いじめや不登校の問題も深刻化している。しかし，こども基本法が成立する前までは，子どもに関わるあらゆる場面で，基本的人権について定める基本法は存在しなかった。確かに，「児童福祉法」，「児童虐待防止法」，「こどもの貧困対策推進法」など，子どもの関わる個別の法律は存在するが，子どもを権利の主体として位置づけ，その権利を保障する総合的な法律はなかったのである。児童虐待や子どもの貧困などの問題に適切に対応するためには，様々な領域にまたがる施策が必要であるが，これを束ね，調整するための法律もなかった。図6-4に示されるように，子どもの権利に関わる基本的理念を示し，これを保障することを目的として，こども基本法は制定された。

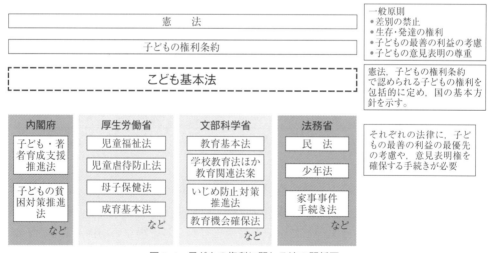

図6-4　子どもの権利に関わる法の関係図

出典：日本財団ホームページ

　こども基本法は，2022（令和4）年6月15日に国会で可決成立し，2023（令和5）年4月1日から施行された。こども基本法では，心身の発達の過程にある者を「こども」と定義して，新生児期・乳幼児期・学童期・思春期の各段階を経て，おとなになるまでの支援が必要であることが定められている。また，子育て支援として，家庭を中心とするこど

もの養育環境の整備が行われるよう，就労，結婚，妊娠，出産，育児などの状況をふまえ，子育てに伴う喜びを実感できる社会の実現を目指している。

　今後は，子ども家庭支援においても，保育者一人ひとりが，こども基本法を理解し，十分に踏まえつつ，子育て支援を行っていくことが求められる。

## （2）　基本的理念

　こども基本法では，以下の6つの理念が掲げられている。**episode6-3**と照らし合わせながら，それぞれの理念について具体的に考えてみよう。

### ①　子どもの基本的人権

　すべての子どもに対し，差別することなく，基本的人権を保障し，一人の人間として尊重しなければならないという理念が示された。このような観点から**episode6-3**を捉えれば，スイミング教室と契約をしてレッスン料を負担しているのが保護者であったとしても，当事者であるS自身が「当事者」として捉えられるべきであることがわかる。

### ②　教育や福祉を適切にうける権利

　障害の有無，性やエスニシティの違い，出身家庭の階層などに関係なく，すべての子どもが，適切に養育され，福祉サービスや教育を受ける機会が等しく与えられることが定められた。就園問題を例にとると，保育所，認定こども園，幼稚園等は，義務教育ではないため，障害などを理由に入園を断られる子どもが存在してきた。こども基本法では，このような問題に対し，権利保障の観点から，包括的に対応することができる。

### ③　子どもの社会参画

　すべての子どもが，年齢や発達に応じて，自分に関係するすべての事項について，意見を表明する機会が与えられ，様々な社会活動を行う権利があることが示された。Sはお母さんに送迎されてスイミング教室に通い続けてきたが，S自身の気持ちを聴いてもらう機会はなかったのかもしれない。どんなに幼い子どもでも，好き嫌いを表明することはできる。子どもが自分の意見や気持ちをわかりやすく伝えることが難しい場合でも，周囲の大人が，子どもの声を聴く機会を設け，傾聴の姿勢を見せることが重要である。

### ④　子どもの最善の利益の尊重

　児童の権利に関する条約において示された重要な概念であり，年齢や発達の程度をふまえつつ，一人ひとりの子どもにとって「最もよいこと」が優先して考慮される。子どもの最善の利益について考えなければならない場面として，児童相談所による一時保護のような，生命の保持を左右する重篤な事例もある一方で，**episode6-3**に示されるような，ごく日常的な事例もある。多くの保育実践現場において，保育者が重篤な事例に出合うことは少ないであろう。しかし，園のなかでも，常に「目の前にいる子どもにとって，最もよいことは何か」を考え続けていく必要がある。

### ⑤　家庭養育の尊重

　子どもの養育は，家庭を基本として行われ，父母その他の保護者が第一義的責任を有することを前提として，様々な子育て支援策が行われれる。**episode6-3**のような，第

三者的立場からいえば，子ども自身が希望していないと推測されることであっても，保護者が示した意向に対し，まずは，しっかりと聞き取らなければならない。ただし，同時に，ただ「聞く（hear）」のではなく，その背景や意図に思いを巡らせながら「聴き（listen）」，対話しなければならない。こうした取組みを積み重ねることで，保護者にとっても，子どもにとっても望ましい答えが導き出されていくであろう。

episode6-3の場合，母親に対し，Sの様子を伝えつつ，なぜ仕事を早く切り上げてまでスイミング教室に通わせたいと考えているのか，聞いてみるとよいだろう。母親の気持ちを受け止め，思いに寄り添うことで，新たな打開策がみえてくるかもしれない。

⑥　子育てに夢や喜びをもてる社会へ

若者の婚姻数が減少し，少子高齢化が進展しているなかで，子どもを産み育てることが「当たり前」の事柄ではなくなりつつある。その背景には，様々な要因がからみ，決定的な打開策が見出せない状況にある。こども基本法では，「こどもまんなか」を掲げ，誰もが，家庭や子育てに夢をもち，子育てに伴う喜びを実感できる社会環境を目指している。

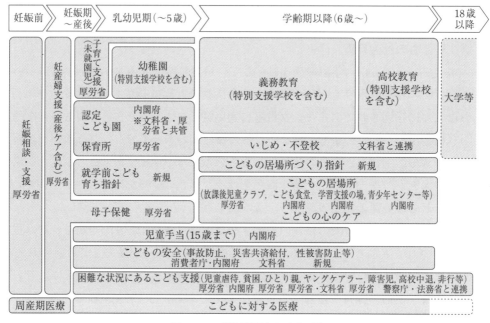

図6-5　こども家庭庁のイメージ

出典：こども家庭庁準備室ホームページ

## 2　こども家庭庁

### （1）　こども家庭庁の創設

上記の理念のもと，子ども政策をさらに強に進めていくためには，常に子どもの視点にち，子どもの最善の利益を第一に考える専門の官庁が必要であることから，内閣府の

外局として，こども家庭庁が創設され，こども政策担当大臣が配置された。これまで厚生労働省や内閣府に分かれていた，子ども政策に関する調整権限を一本化するだけでなく，これまで司令塔が不在であった，就学前のこどもの育ちなどについても主導していく役割を担う。

こども家庭庁では，以下の3つの部門に分かれて，図6-5に示される様々な施策を実施する。

① 企画立案・総合調整部門

子育て当事者の視点に立った政策の企画立案や調整を行い，「こども施策大綱」を作成する。市区町村が主体となって提供される様々な施策において，地域格差が生じないにするための是正措置も含めたバックアップも行う。

② 生育部門(こども生育局)

幼稚園・保育所・認定こども園の管轄のほか，子育て世代包括支援センターなどの周産期から子育て期を通じた支援なども行う。また，文部科学省所轄の教育機関には該当しない，様々なこどもの居場所(例えば，放課後児童クラブ，こども食堂)への支援も行う。

③ 支援部門(こども支援局)

社会的養護や障害に関わる支援を包括的に行う。児童虐待や子どもの貧困などの複合的な課題に対して，地域ネットワークづくり(例えば，要保護児童対策地域協議会)の支援を行うなど，年齢や制度の壁を克服した切れ目のない支援を目指す。

(2) こどもまんなか社会を目指して

こども家庭庁は，常に子どもの最善の利益を第一に考え，子どもに関する取り組み，政策を社会の真ん中に据えて(＝「こどもまんなか社会」)，こどもの視点で，子どもをとりまくあらゆる環境を視野にいれ，子どもの権利を保障し，誰一人取り残さず，健やかな成長を社会全体で後押しするために，その司令塔として設置された。

こども基本法の施行とこども家庭庁の創設により，子ども家庭支援は，新たな局面をむかえる。今後は「こどもまんなか社会」の実現に向け，子どもと関わる大人が子どもの権利について深く学びつつ，子どもと共に，日々の生活をつくり上げていくことが，強く求められるようになるであろう。

## 参考文献

＜1章＞

山縣文治，柏女霊峰編：『社会福祉用語辞典』ミネルバ書房(2013)

森岡清美，望月崇共著：『新しい家族社会学四訂版』培風館(1997)

G.P. マードック(内藤莞爾訳)：『社会構造―核家族の社会人類学』新泉社(0000)

弓削尚子：『はじめての西洋ジェンダー史』山川出版社(2021)

山田昌弘：「日本家族のこれから」社会学評論256号，64巻，4号，8，p.649-662(2013)

牧野カツコ：「乳幼児をもつ母親の生活と＜育児不安＞」3，p.34-56，家庭教育研究所紀要(1982)

中久喜町子，釜島美智代：「子育てサークルに集う母親たちの育児不安と家族機能」5，p.41-49，山梨県立看護大学紀要(2003)

庄司妃佐：「軽度発達障害が早期に疑われる子どもをもつ親の育児不安調査」29-5，p.349-358，発達障害研究(2007)

落合恵美子：『21世紀の家族へ』第4版，有斐閣選書(2019)

小山泰代：「平均世帯人人の減少要因の検討」76-3，p.293-310，人口問題研究(2010)

村上千幸：「地域における子育て支援　2子育て支援の現状と方向性」p.17-27，日本保育協会(2010)

全国保育士養成校協会監修，西郷泰之・宮島清編：『ひと目でわかる保育者のための子ども家庭福祉データブック 2022』中央法規(2021)

国立社会保障・人口問題研究所：人口統計資料集(2022)

　　https://www.ipss.go.jp/syoushika/tohkei/Popular/Popular 2022.asp?chap=0 2022.8.16. 取得

総務省統計局：「国勢調査」(2015)

　　https://www.stat.go.jp/data/kokusei/2020/kekka/pdf/outline_01.pdf 2022.8.1. 取得

総務省統計局：「国勢調査結果」(2022)

　　https://www.stat.go.jp/data/nihon/02.htm　　2022.8.16. 取得

厚生労働省政策統括官：「人口動態統計月報年計の概況」(2021)

　　https://www.mhlw.go.jp/toukei/saikin/hw/jinkou/geppo/nengai21/dl/gaikyouR3.pdf 2022.8.16. 取得

内閣府男女共同参画局：「結婚と家族をめぐる基礎データ資料」(2021)

　　https://www.gender.go.jp/kaigi/kento/Marriage-Family/2nd/pdf/1.pdf 2022.8.16. 取得

内閣府男女共同参画局：「男女共同参画白書(2020)

　　https://www.gender.go.jp/about_danjo/whitepaper/h29/zentai/html/zuhyo/zuhyo01-03-08.html 2022.8.16. 取得

厚生労働省：「子ども虐待対応の手引き」(2013)

　　https://www.mhlw.go.jp/bunya/kodomo/dv12/00.html (2022.8.15. 取得

厚生労働省：「市町村子ども家庭支援指針（ガイドライン）」(2020)

　　https://www.mhlw.go.jp/content/000824887.pdf (2022.8.15. 取得

二宮祐子：『子育て支援：15のストーリーで学ぶワークブック』萌文書林(2018)

石井哲夫・岡田正章・増田まゆみ他：『〈平成11年改訂〉対応保育所保育指針解説』フレーベル館(2000)

厚生省：『保育所保育指針』日本保育協会(1965)

厚生労働省：『保育所保育指針解説』フレーベル館(2018)

日本保育協会編：『保育所保育指針の解説』日本保育協会(1990)

民秋言編：『幼稚園教育要領・保育所保育指針・幼保連携型認定こども園教育・保育要領の成立と変遷』萌文書林(2022)

余公敏子：「保育所保育指針の変遷と保育家庭に関する考察」，『九州大学大学院教育学コース院生論文集』11，p.41-57(2011)

全国保育協議会編：『保育年報1989　特編・保育所保育指針の改訂』全国社会福祉協議会(1989)


＜2章＞

秋田喜代美監修，東京大学大学院教育学研究科付属発達保育実践制作学センター編著：『保育学用語辞典』中央法規(2019)

倉橋惣三著：『フレーベル新書12 育ての心（上）』フレーベル館 (1976)

厚生労働省：『保育所保育指針解説』フレーベル館 (2018)

厚生労働省子ども家庭局保育課地域保育係：「医療的ケア児及びその家族に対する支援に関する法律の施行に係る保育所等における医療的ケア児童への支援の推進について」(2021)

　https:///www.pref.osaka.lg.jp/attach/6686/00408162/03_kodomokateikyoku_03_460.pdf 2023.1.31取得

厚生労働省子ども家庭局保育課：「保育所等での医療的ケア児の支援に関するガイドラインについて　令和4年度医療的ケア児の地域支援体制構築に係る担当者合同会議」(2022)

　https:///www.mhlw.go.jp/content/12204500/000995731.pdf 2023.1.31取得

全国保育士会：「子どもの育ちを支える食〜保育所等における「食育」の言語化」(2020)

　https:///www.z-hoikushikai.com/about/siryobox/book/syokuikugengoka.pdf 2023.1.31取得

津守眞：『保育の一日と周辺』p.11．フレーベル館 (1989)

青柳まちこ：『遊びの文化人類学』講談社 (1980)

Biestik, Felix P.，：『The Casework Relationship』Loyola University Press (1957)，バイステック，F. P. 田代不二男・村越芳男訳：『ケースワークの原則　よりよき援助を与えるために』誠信書房 (1965)

Groos, K.：『The play of man.』New York：Appleton (1901)

J.J. Rousseau, Emile ou de l'education, Classique Gatnier, (1964)，今野一雄著：『エミール』（上・中・下）岩波文庫 (1974)

三宅和夫・村井潤一・波多野誼余夫・高橋恵子編，清水美智子：『児童心理学ハンドブック』金子書房 (1983)

Spencer, H.「The Principles of psychology」vol.2, part2 (3rd ed.)．New York：Appleton (1896)

秋田喜代美：『保育用語辞典』p.174. 中央法規出版社 (2019)

衛藤真規：『保護者との関係構築に関する保育者の語りの検討―保育者の専門的成長の観点から』風間書房 (2021)

石川昭義・矢藤誠慈郎：「保育所と家庭との連携に関する研究」，『保育科学研究』第6巻 p.1-21 (2015)

柏女霊峰：『子育て支援と保育者の役割』p.28-29．フレーベル館 (2003)

渡辺顕一郎・橋本真紀：『詳解　地域子育て支援拠点ガイドラインの手引き（第2版）－子どもの家庭福祉の制度・実践をふまえて－』p.93-97．中央法規 (2015)

L. M. グディエーレス・R. J. パーソンズ・E. O. コックス編著．小松源助監訳：『ソーシャルワーク実践におけるエンパワーメント　その理論と実践の論考集』相川書房 (2000)

二宮祐子：『子育て支援15のストーリーで学ぶワークブック』萌文書林 (2018)

厚生労働省編：『保育所保育指針解説』フレーベル館 (2008)

## ＜3章＞

児童発達支援センターこだいら

　https:///www.syakaifukushi.kodaira.tokyo.jp/ 2023.3.5.取得

NPO法人こども未来ラボ

　https:///mirailabo.org/ 2023.1.19.取得

上川ひなの：「発達障害のある子どもをもつ親が障害を受け入れていく過程に関する文献研究：受容と認識の観点から」，『生涯発達心理学研究』20，p.25-31 (2020)

厚生労働省：「障害児支援の体系〜平成24年児童福祉法改正による障害児施設・事業の一元化〜」

　https:///www.mhlw.go.jp/file/06-Seisakujouhou-12200000-Shakaiengokyokushougaihokenfukushibu/0000117930.pdf 2023.1.19.取得

厚生労働省：「発達障害者支援施策の概要」

　https:///www.mhlw.go.jp/stf/seisakunitsuite/bunya/hukushi_kaigo/shougaishahukushi/hattatsu/gaiyo.html 2023.1.19.取得

厚生労働省：「乳幼児健康診査事業実践ガイド」

　https:///www.mhlw.go.jp/content/11900000/000520614.pdf 2023.1.19.取得

竜野航宇・山中冴子：「障害児のきょうだい及びきょうだい支援に関する先行研究の到達点」，『埼玉大学紀要』65，(2) p.81-89 (2016)

中田洋二郎：「親の障害の認識と受容に関する考察－受容の段階説と慢性的悲哀」，『早稲田心理学年報』

27 p. 83‐92(1995)

ペアレント・プログラム　事業化マニュアル
　　http:///www. rehab. go. jp/application/files/9415/8287/2178/10_2_. pdf 2023. 1. 19. 取得
阿部彩：『子どもの貧困Ⅱ−解決策を考える』岩波書店(2014)
湯浅誠：『「なんとかする」子どもの貧困』角川書店(2017)
宮本太郎：『共生保障−＜支え合い＞の戦略』岩波書店(2017)
奥田知志・原田正樹編著：『伴奏型支援−新しい支援と社会のカタチ』有斐閣(2021)
厚生労働統計協会：「厚生の指標」増刊 Vol. 69 №. 10,『国民の福祉と介護の動向2022/2023』(2022)
全国保育士会：「医療的ケアを必要とする子どもの保育実践事例集」(2020)
　　https://www. z-hoikushikai. com/about/siryobox/book/iryotekicare. pdf 2023. 3. 15. 取得
令和2年版厚生労働白書(2020)
厚生労働省：生活困窮者自立支援制度 制度の紹介
　　https://www.mhlw.go.jp/stf/seisakunitsuite/bunya/0000059425.html 2023. 3. 3取得
内閣府：「令和3年 子供の生活状況調査の分析 報告書」
　　https://www8.cao.go.jp/kodomonohinkon/chousa/r 03/pdf 2023. 3. 3取得
保育所等における医療的ケア児への支援に関する研究会：「保育所等での医療的ケア児の支援に関するガイ
　　ドライン：厚生労働省令和2年度子ども・子育て支援推進調査研究事業報告書」(2021)
　　https://www. mizuho-rt. co. jp/case/research/pdf/r 02kosodate 2020_0103. pdf 2023. 3. 15. 取得
三菱 UFJ リサーチ＆コンサルティング：「医療的ケア児者とその家族の生活実態調査報告書：厚生労働省令
　　和元年度障害者総合福祉推進事業報告書」(2020)
　　https://www. mhlw. go. jp/content/12200000/000653544. pdf 2023. 3. 15. 取得
かながわ国際交流財団：「外国人住民のための子育て支援サイト」
　　http:///www. kifjp. org/child/ 2022. 12. 10取得
厚生労働省：『保育所保育指針解説』フレーベル館(2018)
厚生労働省：『2019年国民生活基礎調査の概況』(2020)
　　https://www. mhlw. go. jp/toukei/saikin/hw/k-tyosa/k-tyosa 19/index. html 2022. 10. 01取得
厚生労働省：『外国籍等の子どもへの保育に関する 調査研究 報告書』(2021)
　　https://www. murc. jp/wp-content/uploads/2021/04/koukai_210426_16. pdf 2022. 12. 27取得
厚生労働省：『令和3年度児童相談所での児童虐待相談対応件数(速報値)』(2022)
　　https://www. mhlw. go. jp/content/11900000/000987725. pdf 2022. 12. 01取得
厚生労働省：『令和3年度全国ひとり親世帯等調査結果』(2022)
　　https://www. mhlw. go. jp/content/11920000/001027808. pdf 2022. 12. 27取得
セーブ・ザ・チルドレン・ジャパン：『子どもに対するしつけのための体罰等の意識・実態調査結果報告書』
　　(2021)
　　https://www. savechildren. or. jp/news/publications/download/php_report 202103. pdf 2022. 5. 10取得
社会保障審議会：『子ども虐待による死亡事例等の検証結果等について(第18次報告)』(2022)
　　https://www. mhlw. go. jp/content/11900000/02. pdf 2022. 10. 01 取得
出入国在留管理庁『令和4年6月末現在における在留外国人数について』(2022)
　　https://www. moj. go. jp/isa/content/001381744. pdf 2022. 12. 27取得


＜4章＞
厚生労働省：「保育所保育指針」(2017)
厚生労働省：『保育所保育指針解説』フレーベル館(2018)
公益社団法人全国保育サービス協会監修：『家庭訪問保育の理論と実際　第3版：居宅訪問型保育基礎研修テ
　　キスト・一般型家庭訪問保育学習テキスト』中央法規出版(2022)
厚生労働省：「地域子育て支援拠点事業とは」
　　https://www.mhlw.go.jp/content/000963074.pdf 2023. 1. 19. 取得
厚生労働省：地域子育て支援拠点事業の実施か所数の推移〔事業類型別〕
　　https://www.mhlw.go.jp/content/000963075.pdf 2023. 3. 19. 取得

厚生労働省：「ファミリー・サポート・センターのご案内（リーフレット）」
　　https://www.mhlw.go.jp/content/000683335.pdf 2023.1.19. 取得
厚生労働省：「民生委員・児童委員はどのような活動をしているのですか？」
　　https://www.mhlw.go.jp/bunya/seikatsuhogo/minseiiin01/qa03.html 2023.1.19. 取得
東京都社会福祉協議会：『保育所における職場体験受入れに関する調査報告書』(2017)
認定こども園風の谷　さかえ・子どもセンター
　　https://kazenotanikodomoen.com/center.html 2023.1.19. 取得

#### ＜5章＞

厚生労働省：「新たな児童虐待防止対策体制総合強化プラン」(2022)
　　https://www.mhlw.go.jp/content/11900000/001024778.pdf 2023.1.31. 取得
厚生労働省：「一般事業主行動計画の策定・届出等について」
　　https://www.mhlw.go.jp/general/seido/koyou/jisedai/ 2023.1.31 取得
厚生労働省：「改正児童福祉法の概要」
　　https://www.mhlw.go.jp/content/000991032.pdf 2023.1.31. 取得
厚生労働省：「改正児童福祉法について（第二部）」
　　https://www.mhlw.go.jp/content/000995561.pdf 2023.1.31. 取得
厚生労働省：「くるみんマーク・プラチナくるみんマーク・トライくるみんマークについて」
　　https://www.mhlw.go.jp/stf/seisakunitsuite/bunya/kodomo/shokuba_kosodate/kurumin/index.html 2023.1.31. 取得
厚生労働省：「最近の児童虐待防止対策の経緯」
　　https://www.mhlw.go.jp/content/11920000/000468993.pdf 2023.1.31. 取得
厚生労働省：「次世代育成支援対策全般」
　　https://www.mhlw.go.jp/stf/seisakunitsuite/bunya/kodomo/kodomo_kosodate/jisedai/index.html 2023.1.31. 取得
厚生労働省：「児童福祉法等の一部を改正する法律（令和4年法律第66号）の概要」(2022)
　　https://www.mhlw.go.jp/content/000991032.pdf 2023.1.31. 取得
社会福祉士養成講座編集委員会編集：「新・社会福祉士養成講座15　児童や家庭に対する支援と児童・家庭福祉制度　第7版」中央法規(2019)
内閣府：「子ども・子育て支援新制度について　令和4年7月」(2022)
　　https://www8.cao.go.jp/shoushi/shinseido/outline/pdf/setsumei_p1.pdf 2023.1.31. 取得
内閣府：「少子化社会対策白書　令和4年版」(2022)
守巧編著：『子ども家庭支援論　保育の専門性を子育て家庭の支援に生かす』萌文書林(2021)
公益財団法人　日本ユニセフ協会HP：「子どもの権利条約　子どもの権利条約について」
　　https://www.unicef.or.jp/kodomo/kenri/index.html 2023.1.31. 取得
公益社団法人日本社会福祉士会編：『学校―家庭―地域をつなぐ　子ども家庭支援アセスメントガイドブック』中央法規出版(2023)
一般社団法人全国保育士養成協議会監修，宮島清・山縣文治編：『ひと目でわかる　保育者のための子ども家庭福祉データブック2023』中央法規出版(2022)
一般社団法人日本ソーシャルワーク教育学校連盟編：『最新　社会福祉士養成講座6　ソーシャルワークの理論と方法［社会専門］』中央法規出版(2021)
日本放送協会，NHK出版編：「NHKテキスト　社会福祉セミナー2022年10月～2023年3月」NHK出版(2022)
日本放送協会，NHK出版編：「NHKテキスト　社会福祉セミナー2022年4月～2022年10月」NHK出版(2022)
橋本祐子・西本望編著：『乳幼児教育・保育シリーズ　子ども家庭支援論』光生館(2019)
市川市：「市川市多様性を尊重する社会を推進するための指針」(2019)
福井達雨編：『みんな　みんな　ぼくのともだち』偕成社(2007)
内閣府・文部科学省・厚生労働省：「子ども・子育て支援新制度　なるほどBook〈平成28年4月改訂版〉」(2016)
　　https://www8.cao.go.jp/shoushi/shinseido/event/publicity/naruhodo_book_2804.html 2023.1.27. 取得
厚生労働省：『平成29年告示保育所保育指針』チャイルド社(2018)

中央法規出版編集部：『保育所運営ハンドブック令和4年版』中央法規（2022）

E-Tra ニュース：https:///e-tra.jp/ 2023.1.27. 取得

岩間伸之・原田正樹：『地域福祉援助をつかむ』有斐閣（2012）

若林靖永・樋口恵子編：『2050年超高齢社会のコミュニティ構想』岩波書店（2015）

NPO 法人 子育てひろば全国連絡協議会：「子育てひろば全国連絡協議会しらべ」
　https://kosodatehiroba.com/new_files/pdf/away-ikuji.pdf 2023.2.18取得

厚生労働省：「児童養護施設入所児童等調査の概要（平成30年2月1日現在）」（2020）
　https://www.mhlw.go.jp/stf/newpage_0923 1.html 2023.2.18取得

厚生労働省：「子ども虐待対応の手引き」（2013改正版）
　https://www.mhlw.go.jp/seisakunitsuite/bunva/kodomo/kodomo_kosodate/dv/dl/130823-01c.Ddf 2023.2.18取得

厚生労働省：「福祉報告例」
　https://www.mhlw.go.jp/toukei/list/38-1.html 2023.2.18取得

厚生労働省：「里親制度（資料集）令和4年10月」（2022.10）
　https://www.mhlw.go.jp/content/000998011.pdf 2023.2.18取得

厚生労働省：「新しい社会的養育ビジョン（平成29年10月25日）」（2017）
　https://www.mhlw.go.jp/file/05-Shingikai-12601000-Seisakutoukatsukan-Sanjikanshitsu_Shakaihoshoutantou
　70000 1 82466.pdf 2023.2.18取得

厚生労働省：「社会的養育の推進に向けて（令和4年3月31日）」（2022）
　https://www.mhlw.go.jp/content/000833294.pdf 2023.2.18取得

＜6章＞

厚生労働省：「令和3年簡易生命表の概況」2022年7月

厚生労働省：「令和3年（2021）人口動態統計月報年計（概数）の概況」

総務省：「令和4年少子化社会対策白書」（2022）
　https://www8.cao.go.jp/shoushi/shoushika/whitepaper/measures/w-2022/r04pdf honpen/r04honpen.html
　2023.1.11取得
　「WeareBuddies」：https:///wearebuddies.net/ 2023.1.11. 取得

落合恵美子：『21世紀の家族へ　家族の戦後体制の見かた・超えかた』第4版，p.221, 244，有斐閣選書（2019年）

目黒依子：『個人化する社会』勁草書房（1987）

厚生労働省：「保育分野の業務負担軽減・業務の再構築のためのガイドライン」（2021）
　https://www.mhlw.go.jp/content/000763301.pdf 2023.1.30. 取得

野村総合研究所：「ロボット・AI・ICT等を活用した保育士の業務負担軽減・業務の再構築に関する調査研
　究：令和2年度子ども・子育て支援推進調査研究事業」（2021）
　https:///www.nri.com//media/Corporate/jp/Files/Pdf/knowledge/report/mcs/20210330_3_02.pdf?la＝ja-JP & hash
　＝02FA 401604DC 46DDC 7205D 1CB 9890213046D 2D 03 2023.1.30. 取得

二宮祐子：「コロナ禍がもたらす保育のICT化へのインパクト」，『発達』第168号，p.66-71（2021）

二宮祐子：「保育現場における園務支援システム導入の抑制要因と促進要因」，『子ども社会研究』第26巻，
　p.5-23（2020）

経済産業省：「保育現場のICT化・自治体手続等標準化：保育現場のICT化・自治体手続等標準化検討会
　報告書」（2018）
　https://www.meti.go.jp/press/2017/03/20180330003/20180330003-2.pdf 2023.1.30. 取得

東京都：「デジタル技術を活用した福祉職場働き方改革に向けた検討会報告書：令和3年度東京都事業報告
　書」（2021）
　https://www.fukushihoken.metro.tokyo.lg.jp/kiban/jigyosha/digital.files/01zentai.pdf 2023.1.30. 取得

内閣官房：「こども施策の推進（こども家庭庁の設置等）」
　https://www.cas.go.jp/jp/seisaku/kodomo_seisaku_suishin/index.html 2023.1.30. 取得

日本財団：「こども基本法 WEB サイト」
　https:///kodomokihonhou.jp/ 2023.1.30. 取得

ユニセフ：「こどもの権利条約」
　https://https://www.unicef.or.jp/about_unicef/about_rig.html/ 2023.1.30. 取得

# 索　引

# 著 者 紹 介

編著者

庄司　妃佐
（しょうじ　ひさ）
　　　東京福祉大学社会福祉学部教授

　　主要図書：
　　「学生・教員・実践者のためのソーシャルワーク演習」ミネルヴァ書房
　　「わたしたちの暮らしとソーシャルワークⅡ」保育出版社

二宮　祐子
（にのみや　ゆうこ）
　　　和洋女子大学家政学部准教授

　　主要図書：
　　「保育実践へのナラティヴ・アプローチ：保育者の専門性を見いだす4つの方法」新曜社
　　「子育て支援：15のストーリーで学ぶワークブック」萌文書林


## 分担執筆者

雨宮　由紀枝（あめみや　ゆきえ）　日本女子体育大学体育学部　特任教授・名誉教授

飯塚　美穂子（いいづか　みほこ）　鶴見大学短期大学部　准教授

五十嵐　元子（いがらし　もとこ）　白梅学園大学子ども学部　准教授

大沼　良子（おおぬま　よしこ）　元 和洋女子大学家政学部　教授

佐藤　恵（さとう　めぐみ）　日本体育大学児童スポーツ教育学部　准教授

佐藤　有香（さとう　ゆか）　和洋女子大学家政学部　教授

坪井　瞳（つぼい　ひとみ）　東京成徳大学子ども学部　准教授

灰谷　和代（はいたに　かずよ）　静岡福祉大学子ども学部　准教授

松倉　佳子（まつくら　よしこ）　こども教育宝仙大学こども教育学部　准教授

松田　妙子（まつだ　たえこ）　NPO法人せたがや子育てネット　代表理事

丸谷　充子（まるや　みつこ）　和洋女子大学家政学部　教授

元橋　良之（もとはし　よしゆき）　首都医校社会福祉士学科　専任教員

矢野　明宏（やの　あきひろ）　東京通信大学人間福祉学部　准教授

綿貫　文野（わたぬき　ふみの）　東京経営短期大学こども教育学科　専任講師

五十音順

## 子ども家庭支援論

初版発行　　2023年7月20日

編著者ⓒ　　庄司妃佐／二宮祐子

発行者　　　森田　富子

発行所　　　株式会社 アイ・ケイ コーポレーション

東京都葛飾区西新小岩 4 - 37 - 16
メゾンドール I&K ／〒124 - 0025

Tel 03 - 5654 - 3722（営業）
Fax 03 - 5654 - 3720

表紙デザイン　㈱エナグ　渡部晶子
組版　㈲ぷりんてぃあ第二／印刷所　㈱エーヴィスシステムズ

ISBN978-4-87492-392-4　C3036